出土文獻綜合研究專刊之十六

秦漢簡牘系列字形譜

九

主　編　張顯成
副主編　王　丹　李　燁
編撰人員　張顯成　王　丹　李　燁
高　魏　劉國慶　雷長巍　滕勝霖
高　明　楊艷輝　陳榮傑　趙久湘

中華書局

目録

分譜之十四　武威漢代醫簡字形譜

第五　竹部——夊部……四七

合文……一四七

分譜之十四

武威漢代醫簡字形譜

說明

一　本字形譜所收之字主要源自文物出版社一九七五年出版的《武威漢代醫簡》，含簡牘九十二枚。若遇字圖不清晰，則選用或參考以下二書中的字圖：甘肅文化出版社二〇二〇年出版的張德芳主編、田河著《武威漢簡集釋》中的《武威旱灘坡漢墓出土醫簡》，上海書畫出版社二〇二二年出版的張德芳、王立翔主編《武威漢簡書法·五》。

二　字頭共有單字五百七十個，合文一個。

三　辭例所標出處悉依《武威漢代醫簡》：數字表示簡號，例如：「57」表示第57號簡。簡的正面和背面分別用「甲」「乙」表示，例如：「84甲」「84乙」，分別表示84號簡的正面、背面。

單字

第一 一部——茻部

一部

0001

一

一

67

57 弓竆～升

21 人生～歲毋忽心

20 上下十～椎

4 桂烏喙薑各～分

52 桂～分

84甲 ～曰陰寒

84乙 以方寸匕～爲後飯

89甲 弓竆～升

91甲 小椒～升半

0002

天

天

4

92甲 壹上～

85乙 ～雄

92甲 大兄爲～一

84乙 ～雄五分

上部

0003 重

上

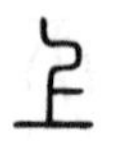

19

3 治久欬～氣喉中

3 卌歲以～方

16 三月～旬

26 扁雍種～下左右轉

92甲 三月壹～天常

49 從火其～

87乙 塗雍～

79 治久欬～氣喉中

44 治心腹大積～下行

0004

帝

1

21 黃～

0005

旁

2

84甲 下溜～（膀）急

85乙 下弱～（膀）光

0006 重

下

18

18 心寒氣脅～恿

44 治心腹大積上～行

84乙 伏～

84甲 六曰槖～養濕

27 膝以～寒氣脉不通

34 在鬲～當下泄

85甲 四曰槖~

92甲 酉未~當此

72 徵當~從大便出

示部

0007 神 神 1

21 黄帝治病~魂忌

0008 禁 禁 16

32 ~豬肉魚葷采

33 ~酒葷采魚亲

34 下泄良~勿忘傳也

55 潰醫不能治~方

74 ~不傳也

65 此方~

84乙 ~千金不傳也

90乙 無□~

36 此藥~

三部

0009 三 三 55

58 取賁豬肪~斤

50 䗪虫~分

47 卒时煮之~

18 呑五丸日～呑

20 名曰～里

83甲 蘗米～分

王部

0010

皇

皇

1

30 勿見火～日月

玉部

0011

玉

王

1

85乙 死～門中

玨部

0012

班

班

1

44 ～毦十枚

丨部

0013

中

26

58 父且置銅器～

59 雞子中黃者置梧～

48 去～令病後不复發

3 喉～如百虫鳴狀

59 雞子～黃者

屮部

0014

毒

2

87乙 煩狼～治以傳之

73 此藥亦中治～養

艸部

0015

蘇

3

87甲 駱～一

0016

蘁

6

蘁 79 ～各一分

蘁 52 ～二分

82甲 ～桂各一分

0017 葷 3

32 禁豬肉魚～采

33 病愈禁酒～采魚亲

0018 莅 4

88乙 白～四分

89甲 白～一升

88甲 白～四分

57 白～一升

0019 苦 4

42 ～參各六分

84甲 ～悪

0020 莞 1

19 胃～（脘）

0021 蒲 1

84乙 昌～二分

0022 芘 3

3 ～胡

80甲 ～[菀]七束

79 ～胡

0023 芩 6

82甲 黄～

83甲 黄～七分

91甲 黄～一斤

46 黄～

15 黄～

0024 茱 2

6 ～五分

9 ～薑

0025 莖 1

85乙 六曰～中恿如林狀

0026 莢 1

71 莢 早～一分

0027 薄 1

60 ～以塗其癰者上

0028 藥 36

89甲 百病膏～方

17 治百病膏～方

12 臥～

59 取～成以五分匕一

50 內漏血不出方～

57 治千金膏～方

55 勺～

91乙 取～凡直[九]百廿七

編號	字頭	數量	字形及辭例
0029	若	1	 75 造炊以葦薪~桑
0030	薪	1	 75 造炊以葦~若桑
0031 重	折	1	 86乙 雖~能復起
0032	葦	1	 75 造炊以~薪若桑
0033	草	6	 88甲 甘~七分  82乙 甘~二分  88乙 甘~七分  88乙 莫~二束
0034	菆	1	 91乙 河~半斤
0035	萅	1	 春16 以~三月上旬治藥

0036
菓

2

88甲
~草二束

88乙
~草二束

0037
蕗

1

86乙
皆~（落）

茻部

0038
莫

1

83乙
~吞十一丸

第二　小部——冊部

小部

0039 小

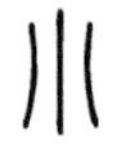

7

83乙　～便數多

84甲　行～便時難

85乙　五曰～便有餘

91甲　～椒一升半

92甲　～者爲大將軍

0040 少

2

84乙　有病如此名爲～餳

84甲　五曰精～

八部

0041 八

7

24　與～歲同

24　～十至九十者

90乙　六日十六日十～日

0042 分

84

3　桔梗蜀椒各二～

52　薑二～

56　其～各等

（分，續）

50 曾青二～

88甲 當歸十～

83甲 黃芩七～

6 細辛五～

83甲 蘗米三～

88乙 白茝四～

0043
曾

3

13 ～青一分

16 ～青四兩

50 ～青二分

0044
尚

1

84乙 ～

0045
公

1

83乙 ～孫君方

半部

0046
半

18

91甲 牛膝～斤

91甲 皁□～斤

91甲 慈石一斤～

91甲 山朱臾二升～

91甲 方風～斤

91甲 小椒一升～

91甲 朱臾二升～

55 ～夏

81 ～方寸匕一

牛部

0047
牛

3

91甲 ～膝半斤

85乙 ～膝

84乙 ～膝四分

0048
牡

2

83甲 ～麴三分

牡11 ～丹二分

0049
物

26

52 凡四～皆治

51 凡五～皆治

56 凡九～皆并治2

57—58 凡四～皆治

79 凡六～皆治

82甲 凡七～皆并治

口部

0050 喙

篆文：4

- 42 烏~付子各二分
- 79 烏~
- 4 烏~薑各一分
- 56 烏~

0051 喉

篆文：3

- 3 ~中如百虫鳴狀
- 63 ~痹吞之摩之
- 79 ~中如百虫鳴狀

0052 吞

篆文：15

- 63 ~之摩之
- 83甲 餔~九丸
- 67 庛~之
- 29 旦~三丸
- 18 日三~
- 83甲 旦~七丸
- 83乙 莫~十一丸

0053 咽

篆文：4

- 5 ~其汁
- 63—64 ~乾摩之
- 79 稍~之甚良
- 65 酸棗稍~之

編號	字頭	數量	辭例
0054	嗌	1	63 ～恚吞之
0055	呼	1	19 病者～四五十
0056	名	7	85乙 此病～曰；26 身不□□～曰；84乙 ～爲少餳
0057	吾	4	29 大如～（梧）實；80甲 橐～一升；76 大如～（梧）實；83甲 如～（梧）實
0058	君	2	85甲 呂功～方；83乙 公孫～方
0059	和	22	13 合～；14 合～；69 合～；45 合～；56 合～；51 合～

52
合～

83甲
凡六物皆治合～

79
凡六物皆治合～

4
～丸以白密

0060
各

16

42
石膏苦参～六分

42
烏喙付子～二分

3
桔梗蜀椒～二分

46
大黄〓芩勺藥～一兩

77
人參方風細辛～一兩

79
桂烏喙薑～一分

86甲
[擣]之～異

0061
啥

2

79
晝夜～三丸

4
晝夜～三丸

走部

0062
起

3

85乙
臨事不～〓死玉門中

86乙
復～

84乙
久坐不～

止部

0063

止

止

7

52 治金創~遝方

32 卌日~

70 徵出乃~

13 治金創~恿

49 熱氣盡乃~

65 摩之皆三乾而~

0064

歬

歬

2

61 ~法三塗去其故藥

前58 豬肪三斤先~（煎）

步部

0065

歸

歸

4

11 乾當~二分

87甲 乾當~二兩

88乙 當~十分

0066

歲

歲

19

21 人生一~毋久心

25 百歲者與九~同

24 與八~同

22 人生四~毋久頭

24 者與五~同

92乙 大~大將軍百官盡

（歲，續）

79 卌～以上方

23 人生八～毋夂肩

24 與七～同

此部

0067 此

9

85乙 ～病名曰

36 ～藥禁

73 ～藥亦中治毒養

84乙 有病如～名爲少鴝

84乙 有病如～終古毋子

92甲 當～

辵部

0068 隨

2

25 夂剌者～

86乙 皆菸～皆復生

0069 過

5

36 不～三飲

14 不～再飲

80乙 不～三四日逾

25 年已～百歲者

51 不～再飲

編號	字	小篆	數量	字形及出處
0070	造		1	 75 爲東鄉~（竈）
0071	逾		1	 80乙 不過三四日~（愈）
0072	逆		2	 63 ~氣呑之
0073	通		1	 27 氣脉不~
0074	連		2	 82甲 黄~四分  91乙 黄~半斤
0075	遺		1	 60 上空者~之
0076	遂		1	 6 治傷寒~〈逐〉風方
0077	逐		4	 68 ~服之  43 傷寒~風  70 甘~（遂）二分

0078 遠

1

85乙
～志

彳部

0079 復

8

21
病僾平～

68
敗能～精

75
～置水一升其中

86乙
雖折能～起

60
藥乾～塗之

84乙
久病者廿日平～

59—60
～撓之二百

48
去中令病後不～發

0080 後

4

48
去中令病～不复發

84乙
以方寸匕一爲～飯

21
剌～三日病僾平復

0081 得

7

85甲
有血不～爲農

31
兩手不到頭不～臥

49
勿～出見

67
勿～傳

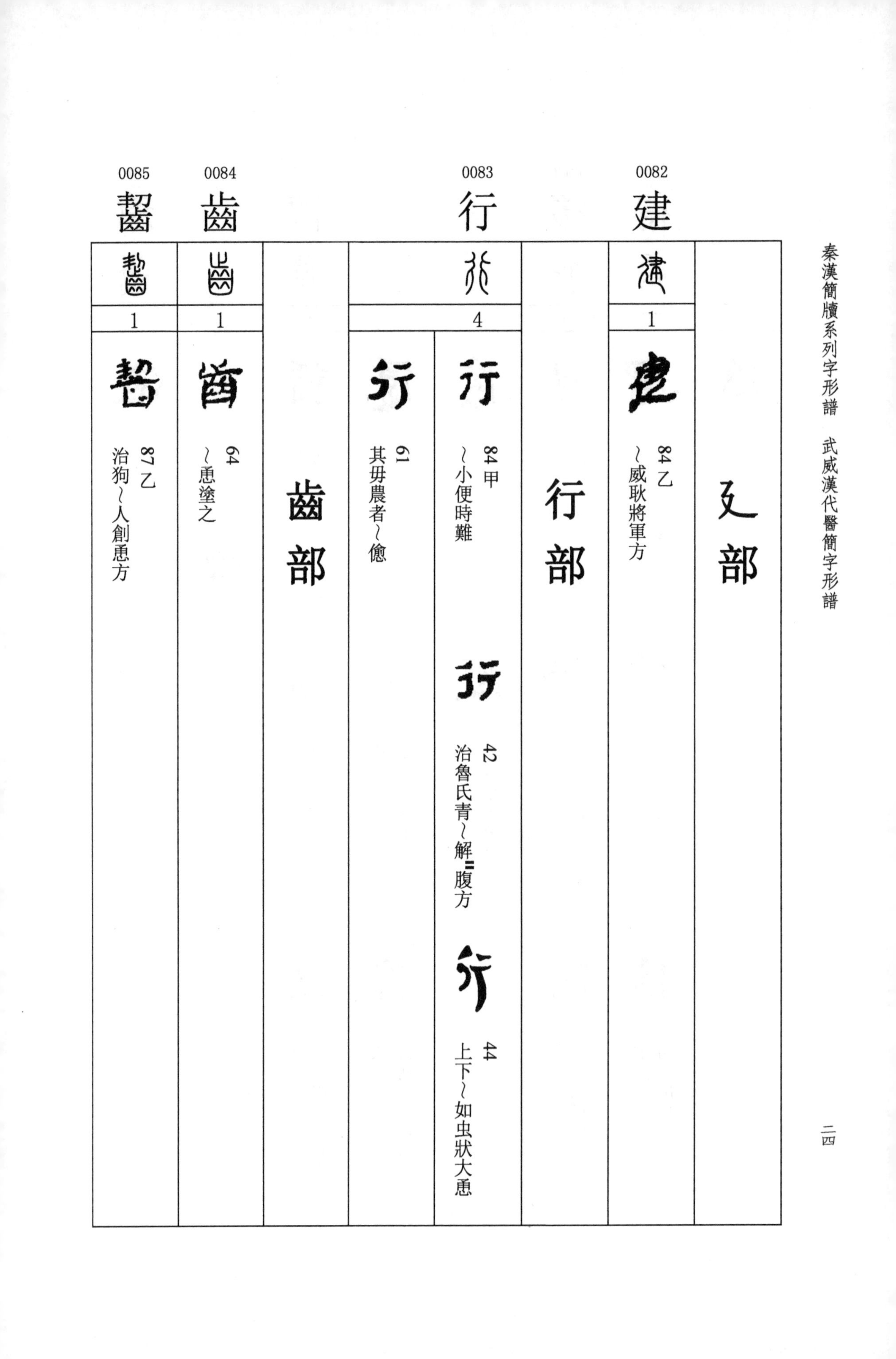

廴部

0082 建

1

84乙 ～威耿將軍方

行部

0083 行

4

84甲 ～小便時難

42 治魯氏青～解=腹方

44 上下～如虫狀大恿

61 其毋農者～愈

齒部

0084 齒

1

64 ～恿塗之

0085 齧

1

87乙 治狗～人創恿方

足部

0086

足

𧾷（篆）

4

84甲 膝脛寒手～熱

81 治庳手～癕種方

68 恿至～下傷膿出

冊部

0087

扁

（篆）

1

26 ～癕種

第三　㗊部——用部

㗊部

0088 器

2

器 16 盛以銅～

58 父且置銅～中

古部

0089 古

1

84 乙 終～毋子

十部

0090 十

37

83 乙 莫吞～一丸

44 班蚝～枚

47 桑卑肖～四枚

48 白羊矢乾之～餘石

24 八～至九十者

24 八十至九～者

45 ~日壹飲藥

24 七十至八~者

19 五~乃出箴

0091
千
千
2

57 治~金膏藥方

84乙 ~金不傳也

0092
廿
廿
11

22 ~日死

83乙 ~日瘉

17 付子~果

91乙 二斤直~七

90乙 ~二日皆不可久

91甲 䗪虫半升~五

卌部

0093
卌
卌
14

卌 23 ~日而死

3 ~歲以上方

57 付子~果

68 ~日知瘉

42 麻黄~分

84乙 久病者~日平復

88乙 付子~枚

言部

0094 言

1

8 ～方

0095 謂

2

85甲 何～七傷

84甲 何～七疾

0096 諸

3

9 治～瘁

69 ～息肉皆

0097 調

1

70 更飲～中藥

音部

0098 音

1

68 ～聲

異部

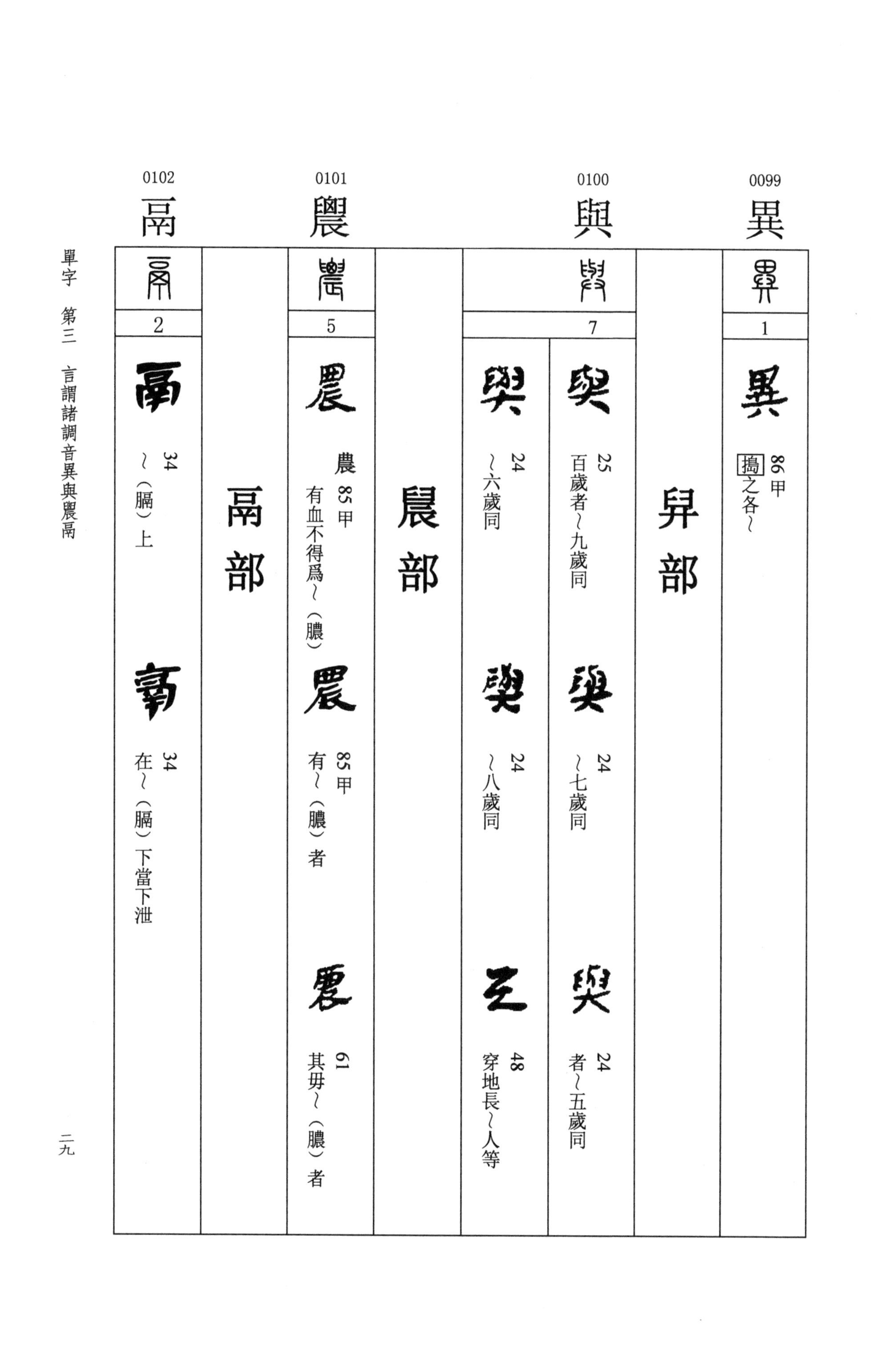

0099 異

1

86甲　[搗]之各～

异部

0100 與

7

25　百歲者～九歲同

24　～七歲同

24　者～五歲同

24　～六歲同

24　～八歲同

48　穿地長～人等

晨部

0101 農

5

農85甲　有血不得爲～（膿）

85甲　有～（膿）者

61　其毋～（膿）者

鬲部

0102 鬲

2

34　～（膈）上

34　在～（膈）下當下泄

鬲部

0103 䰞

1

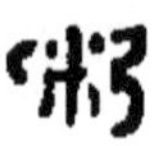

粥 35 飲大麥～

0104 重 煮

1

47 卒时～之三

爪部

0105 爲

11

85 甲 有農者自～

85 甲 有血不得～農

92 甲 大兄～一

92 甲 小者～大將軍

65 腸中有益～度

为 84 乙 名～少鴿

84 乙 以方寸匕一～後飯

又部

0106 又	0107 右	0108 父	0109 及	0110 取	0111 度	0112 卑
1	2	8	3	10	2	2
65 ～中奴人乳	26 上下左～轉	58 ～（吹）且	87甲 治加及久創～馬	59 先～雞子中黄者	65 腸中有益爲～	91甲 ～□半斤
	78 ～治百病方	47 皆～（吹）	87甲 治加～久創及馬	87甲 ～□駱蘇一[升]	81 以傀爲～	47 桑～（蜱）肖十四枚
		87甲 皆～（吹）	85甲 有七疾～七傷	58 ～賁豬肪三斤先前		

𠂇部

史部

0113 事

2

73 老瘦者以人~感之

85乙 臨~不起

畫部

0114 畫

1

79 ~夜唅三丸

4 ~夜

寸部

0115 寸

14

84乙 以方~匕一

52 以方~寸

43 方~匕一飲之

14 以方~匕酒飲

10 以方~匕酒飲

51 以方~匕一酒飲

0116 將

4

92甲　小者爲大～軍

92乙　大～軍

84乙　建威耿～軍方

攴部

0117 故

2

61　三塗去其～藥

87乙　塗雍上以傷爲～良

0118 數

2

74　飲食～口禁不傳也

83乙　小便～多

0119 更

3

70　～飲調中藥

80乙　當～沸之

85乙　日甚者～而苕輕

0120 斂

1

55　白～

0121 敗

1

68　音聲雖㯼～

用部

0122

用

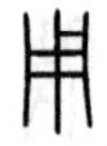

6

69 藥～代盧如

48 ～白羊矢

58 ～淳醯三升漬之

50 ～大黄自二分

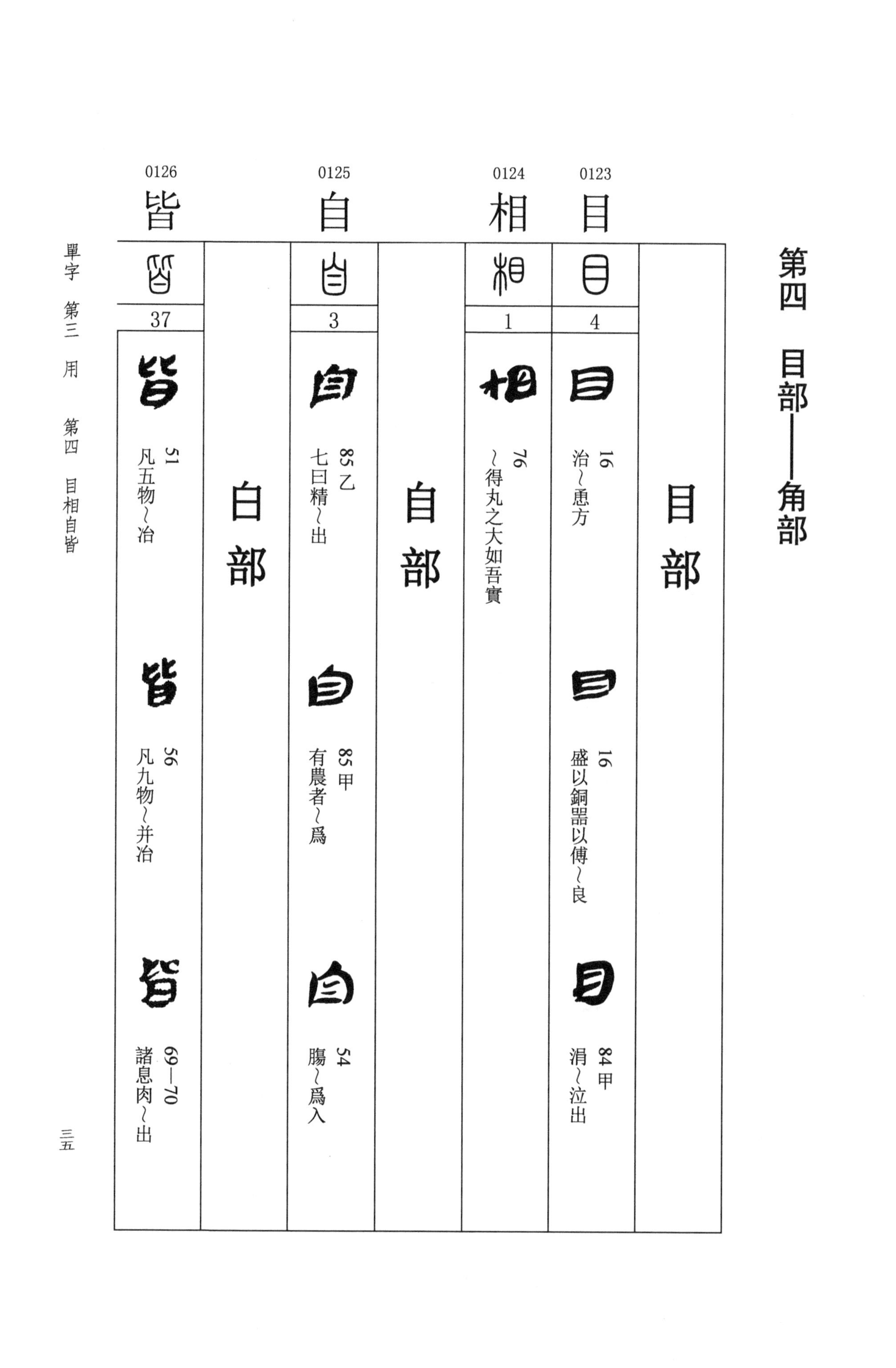

第四 目部——角部

目部

0123 目 4

16 治～悳方

16 盛以銅器以傅～良

84甲 涓～泣出

0124 相 1

76 ～得丸之大如吾實

自部

0125 自 3

85乙 七曰精～出

85甲 有農者～爲

54 膓～爲入

白部

0126 皆 37

51 凡五物～治

56 凡九物～并治

69—70 諸息肉～出

57—58 凡四物～治

52 凡四物～治

43 飲之良甚～僉

84乙 凡六物～并治

83甲 凡六物～治

79 凡六物～治

0127
魯

1

42 治～氏青行解=腹方

0128
者

30

56 赤豆初生未臥～

59 先取雞子中黃～

17 有病～取

24 八十至九十～

45 使病～宿毋食

60 薄以塗其雍～

73 老瘦～以人事感之

85乙 日甚～更而苔

12 倍恿～臥藥

49 其病～慎勿得出見

0129
百

18

30 六十日知～甴

17 治～病膏藥方

25 年己過～歲者

3 ～虫

78 右治～病方

60 撓之二～

59 撓之三～

84乙 ～日毋

91甲 慈石一斤半～卅

鼻部

0130
鼻

6

70 即～不利

69 ～中當胕血出

69 以絮裹藥塞～

68—69 ～柱鼻中當胕血出

隹部

0131
雞

2

59 置～子中

59 先取～子中黃者

0132
雝

5

26 雍 ～（臃）種

87甲 治人卒～（癰）方

87乙 塗～（癰）上

0133
雄

3

85乙 天～

86甲 ～黃

84乙 天～五分

81 治庳手足～（臃）種

60 薄以塗其～（癰）者

羊部

0134 羊

羊

3

17 大如～矢

49 ～矢盡索

48 白～矢乾之十餘石

0135 美

美

1

45 以肊～閉塞

瞿部

0136 瞿

瞿

1

10 ～麥各六分

鳥部

0137 重 難

難

1

難 84甲 行小便時～

0138 鴈

1

鳫 8 治～聲

0139 鳴

2

3 如百虫～狀

79 如百虫～狀

鳥部

0140 烏

5

4 ～喙

42 ～喙

56 ～喙

79 ～喙

6 ～喙三分

0141 舄

1

6 澤～五分

華部

0142 畢

1

38 藥～餘炊之

冓部

0143 再

5

76 ~服藥一

54 ~三飲賜自爲入

14 ~飲血立出

玄部

0144 玄

1

86甲 ~石

0145 玆

1

86甲 ~石

死部

0146 死

13

23 毋久足六日而~

25 灸~矣

22 毋灸背廿日~

90甲 不可久刺不出旬~

21—22 毋灸心十日而~

90甲 久刺飲藥必~

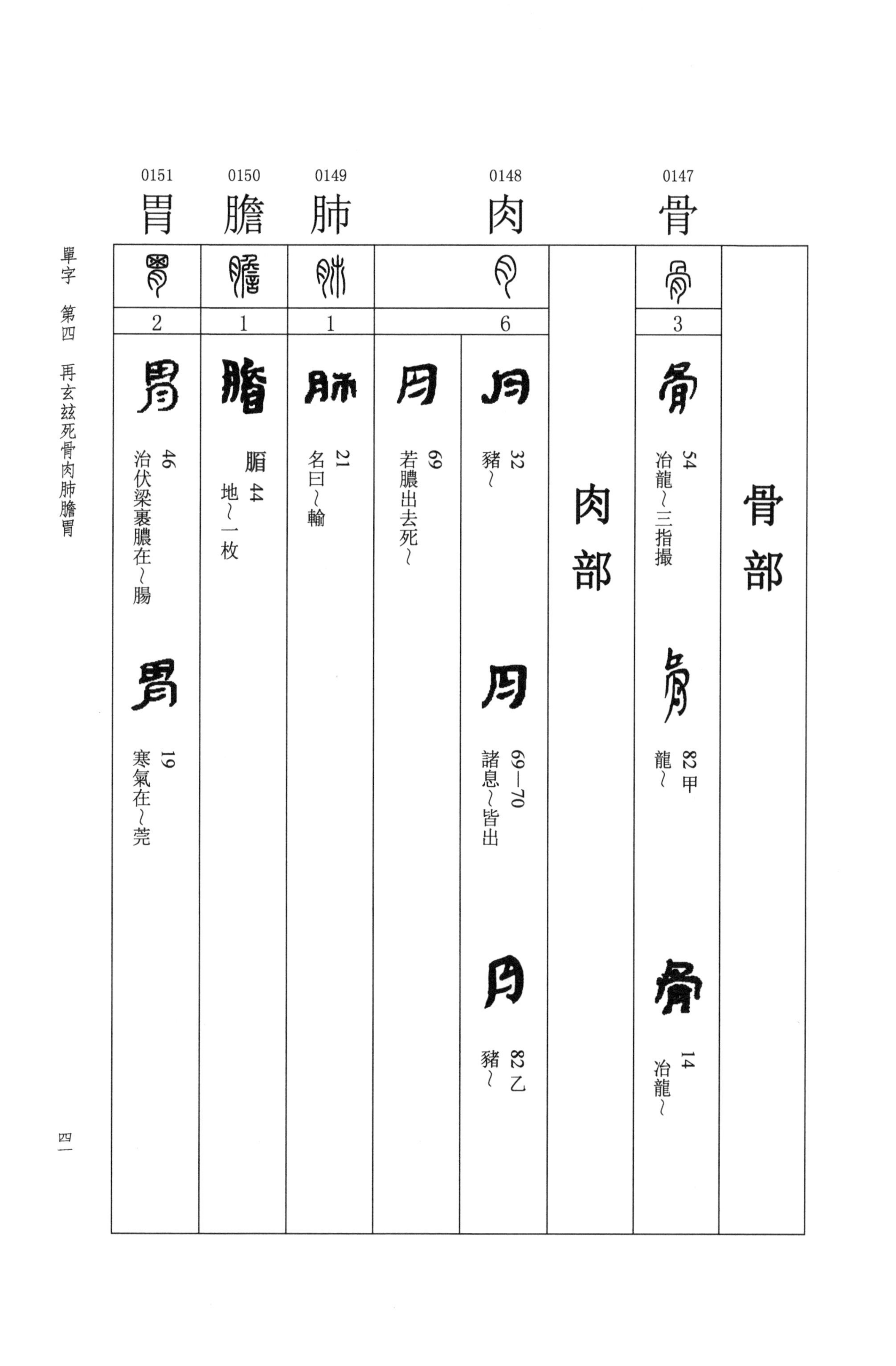

骨部

0147 骨（3）

- 54 治龍～三指撮
- 82甲 龍～
- 14 治龍～

肉部

0148 肉（6）

- 32 豬～
- 69—70 諸息～皆出
- 82乙 豬～
- 69 若膿出去死～

0149 肺（1）

- 21 名曰～輸

0150 膽（1）

- 腷 44 地～一枚

0151 胃（2）

- 46 治伏梁裹膿在～腸
- 19 寒氣在～莞

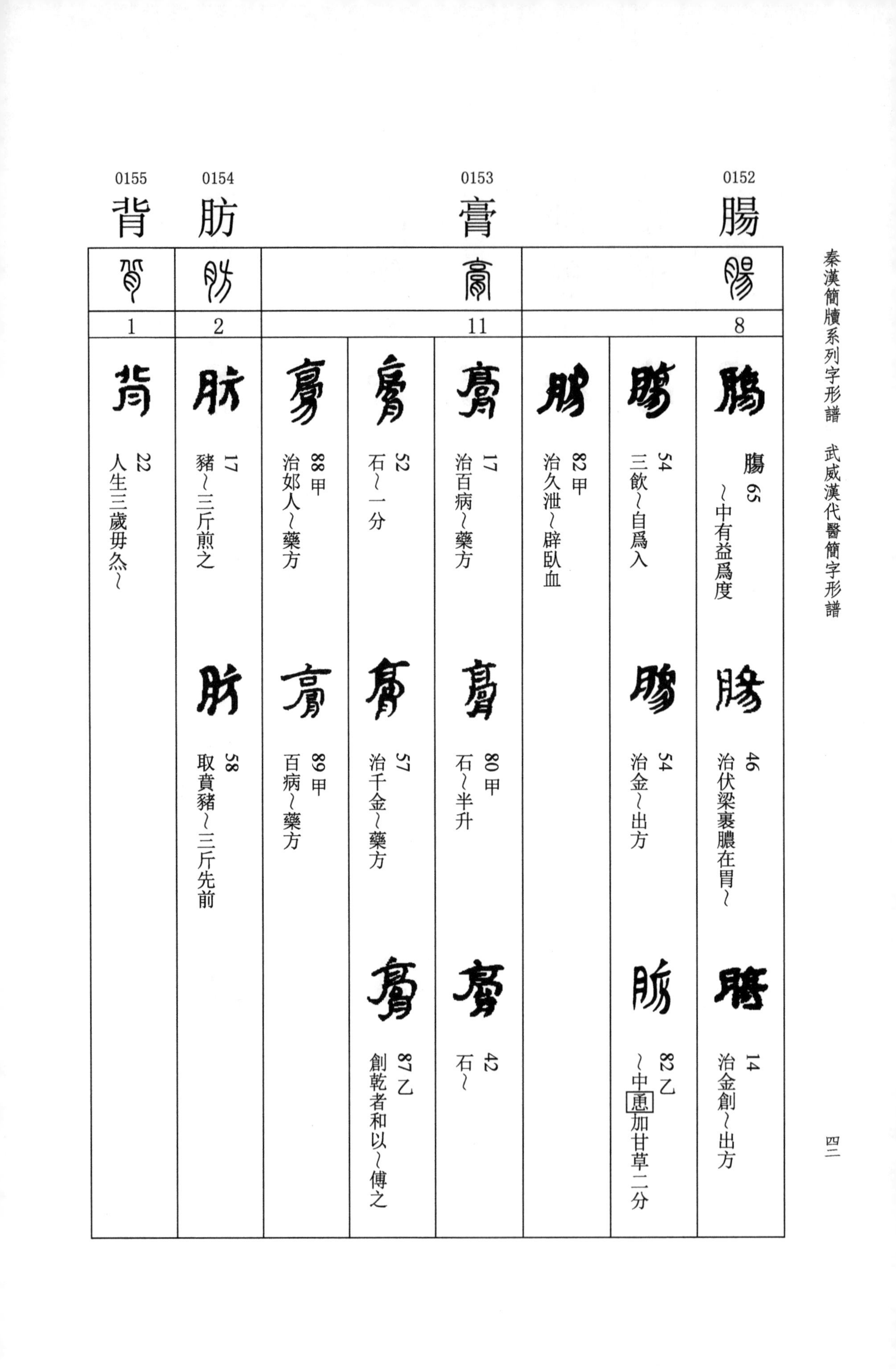

0152
腸
8

腸65 ~中有益爲度

46 治伏梁裹膿在胃~

14 治金創~出方

54 三飲~自爲入

54 治金~出方

82乙 ~中[恿]加甘草二分

82甲 治久泄~辟臥血

0153
膏
11

17 治百病~藥方

80甲 石~半升

42 石~

52 石~一分

57 治千金~藥方

87乙 創乾者和以~傅之

88甲 治婦人~藥方

89甲 百病~藥方

0154
肪
2

17 豬~三斤煎之

58 取賁豬~三斤先前

0155
背
1

22 人生三歲毋灸~

0156 脅

1

18 心寒氣～下悉

0157 重 肩

1

23 人生八歲毋灸～

0158 腹

7

42 魯氏青行解=～方

22 人生二歲毋灸～

44 治心～大積

63 心～悉呑之

0159 脛

3

23 人生七日毋灸～

68 六日～中當悉

84甲 苦悉膝～寒手足熱

0160 肖

1

47 桑卑～（蛸）十四枚

0161 胡

3

3 茈～

37 ～四

79 茈～

0162 膞

2

88乙 以盼～高

88甲 以盼～高舍之

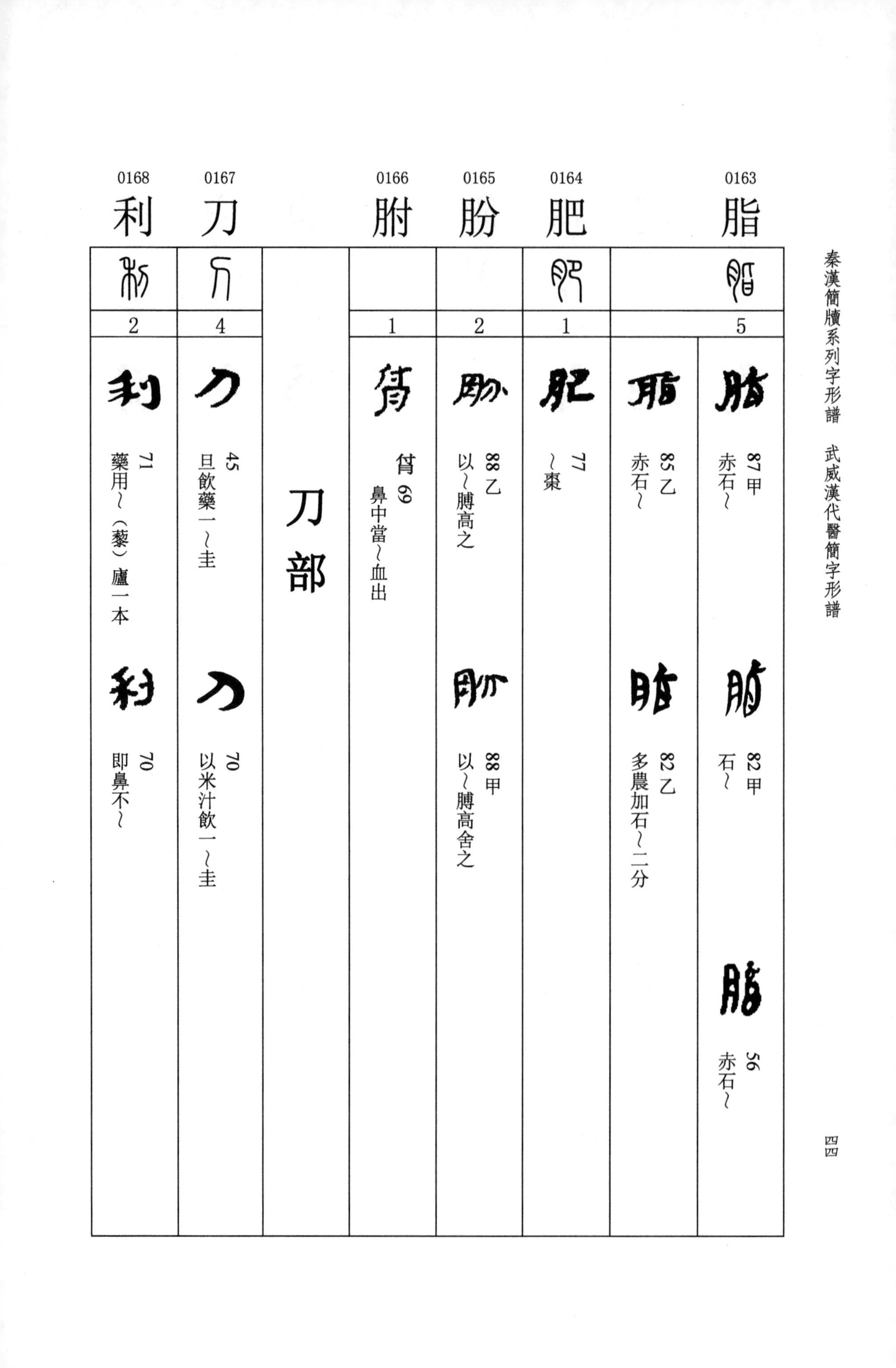

0163 脂　5

87甲 赤石～

82甲 石～

56 赤石～

85乙 赤石～

82乙 多農加石～二分

0164 肥　1

77 ～棗

0165 肦　2

88乙 以～膊高之

88甲 以～膊高舍之

0166 胕　1

胕 69 鼻中當～血出

刀部

0167 刀　4

45 旦飲藥一～圭

70 以米汁飲一～圭

0168 利　2

71 藥用～（藜）盧一本

70 即鼻不～

0169
初

1

56 赤豆～生未臥者

0170
刺

9

刺 19 次～

25 炁～者

20 兩～榮

20 次～項

25 過百歲者不可灸～

21 ～後三日病愈平復

剌 90甲 五辰辛不可始久～

90甲 甲寅乙卯不可久～

90乙 可久～見血

刃部

0171 重
創

13

13 ～立不恿

52 治金～止慂方

62 ～恿痓皆中之

87乙 ～乾者和以膏傅之

87甲 久～

14 治金～腸出方

角部

0172 解

1

42 治魯氏青行~=腹方

第五 竹部——久部

竹部

0173 等

篆：等　2

48 穿地長與人～

56 其分各～

0174 笞

篆：笞　1

荅 85 乙 日甚者更而～

0175 箴

篆：箴　8

19 濾僉出～

19 呼四五十乃出～

20 出～名曰三里

20 留～如炊一升米頃

箕部

0176 重 其

篆：其　13

55 ～不僉者

49 取～臥人

49 ～病者慎

61 ~毋農者行傴

60 薄以塗~雍者

56 ~分各等

左部

0177
左

1

26 上下~右轉

甘部

0178
甘

5

88甲 ~草七分

52 ~草一分

82乙 腸中[悪]加~草二分

70 ~逐二分

0179
甚

8

62 良~

43 良~皆傴

53 日再夜一良~

87甲 取以傅之良~

5 咽其汁~良

79 稍咽之~良

0180
曰

20

曰部

84甲
四～精失

85乙
此病名～[內][傷]

85甲
三～陰衰

85乙
六～莖中恿如林狀

84甲
六～橐下養濕

84甲
名～七疾

84甲
二～陰痿

85甲
二～陰痿

84甲
五～精少

0181
乃

4

乃部

19
呼四五十～出籖

21
留籖百廿息～出籖

70
徵出～止

49
熱氣盡～止

可部

0182
可
8

90甲
五辰不～飲藥

90乙
皆不～始

90甲
甲寅乙卯不～久刺

90甲
五辰辛不～始久刺

25
不～灸刺

64
亦～吞之

亏部

0183
平
2

21
三日病愈～復

84乙
久病者丗日～復

鼓部

0184
鼓
2

15
和以～〈豉〉汁飲之

54
以～〈豉〉汁飲之

豆部

0185 豆  5

18 丸大如赤～

32 常作赤～

69 如巴～各一分

29 巴～一分

56 赤～初生未臥者

皿部

0186 盛  2

86甲 三重～藥

16 ～以銅器

0187 醢  3

醢 89甲 漬以淳～三升

71 以醇～漬

溘 58 用淳～三升漬之

0188 益  2

65 腸中有～爲度

90甲 病者日～加深

0189 盡  4

92乙 百官～

49 熱氣～乃止

49 羊矢～索

去部

0190 去

8

- 48 ～中令病後不复發
- 71 卒時～宰以汁灌
- 17 五沸浚～宰
- 69 若膿出～死肉
- 80乙 六沸浚～宰
- 89乙 浚～宰

血部

0191 血

13

- 69 鼻中當胕～出
- 14 不過再飲～立出
- 9 ～瘁出血
- 90乙 可久刺見～
- 51 不過再飲～立出
- 50 治金創内漏～不出

0192 衄

1

- 64 昏～塗之

0193 重 膿

4

- 69 若～出
- 46 治伏梁裹～在胃腸
- 68 傷～出

丹部

0194 丹

3

11 牡~二分

86甲 ~沙

青部

0195 青

4

50 曾~二分

42 治魯氏~行解=腹方

13 曾~一分

16 曾~四兩

皀部

0196 即

5

80乙 日三飲~藥

10 立僉石~出

51 不~從大便出

食部

0197 食

9

74 飲～數

76 先餔～吞二丸

28 飲～已驗

82甲—82乙 先餔～以食

61 毋得力作禁～

45 使病者宿毋～

0198 養

5

85乙 濕而～（癢）黄汁出

15 ～（癢）不恖腹張方

73 治毒～（癢）

84甲 六曰橐下～（癢）濕

84甲 小橐下～（癢）濕

0199 飯

6

30 大[麥]～禁房内

8 以方寸匕先餔～米

86乙 ～藥

84乙 以方寸匕一爲後～

81 先餔～酒飲

0200 重 餳

1

84乙 名爲少～（傷）

0201 餔

5

- 8 以方寸匕先～飯米
- 82甲—82乙 先～食以食
- 81 先～飯酒飲
- 76 先～食吞二丸
- 83甲 ～吞九丸

0202 餘

6

- 84甲 便赤膿～酒
- 83甲 禹～量四分
- 85乙 五曰小便有～
- 65 又中如人乳～
- 38 藥畢～炊之
- 48 乾之十～石

亼部

0203 合

26

- 7 ～方寸匕酒飲
- 16 皆冶～
- 8 ～和以方寸匕
- 51 凡五物皆冶～和
- 52 凡四物皆冶～和
- 56 凡九物皆并冶～
- 56 合其分各等～和
- 4 ～和

0204
舍
1

88甲 以肦膊高～之

入部

0205
入
3

54 腸自爲～

92乙 嫁女皆□□～

0206
内
5

30 禁房～

84乙 ～傷

50 治金創～漏血

矢部

0207
矢
4

49 從火其上羊～盡索

17 大如羊～

48 用白羊～

56 鼉～

0208 重
射
1

82甲 皆～（謝）去方

0209 侯

侯　2

84甲 白水～所奏

85甲 治東海白水～所奏

0210 知

知　5

68 卅日～愈

30 六十日～

86乙 卅日～六十日愈

83乙 服藥十日～

0211 矣

矣　1

25 炁死～

高部

0212 高

高　3

88甲 以肦膞～（膏）舍之

88乙 治奻人～（膏）藥方

88乙 以肦膞～（膏）之

0213 亭

亭　2

70 藥用～磨二分

71 ～磨二分

冂部

0214 央

1

60 上空者遺之中～

㫗部

0215 厚

2

42 ～朴

83甲 ～朴三分

畗部

0216 良

16

5 咽其汁甚～

34 在鬲下當下泄～

84乙 建威耿將軍方～

87乙 治以傅之～甚

43 方寸匕一飲之～甚

54 自爲入大～

麥部

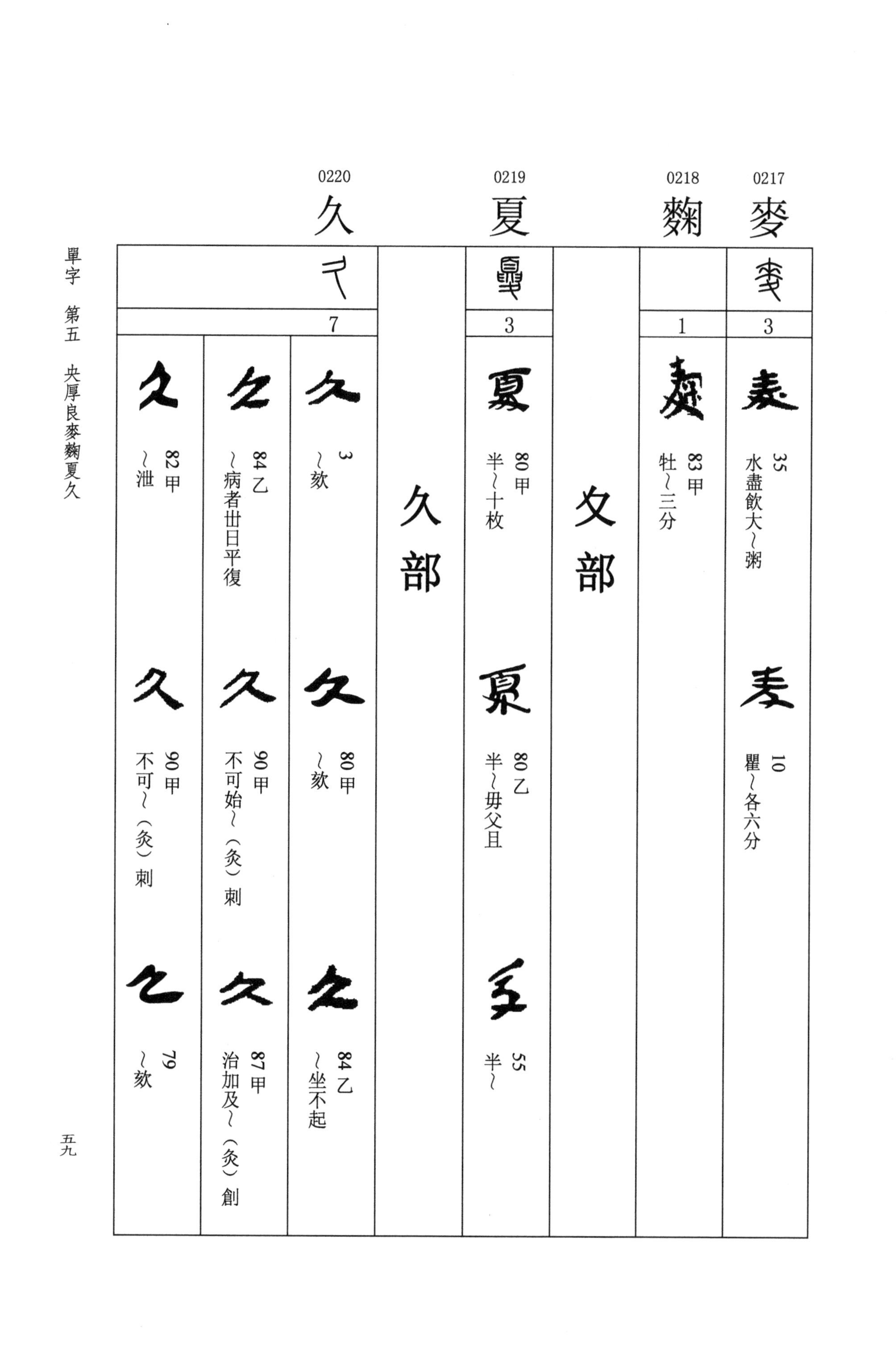

0217 麥

3

- 35 水盡飲大~粥
- 10 瞿~各六分

0218 麴

1

- 83甲 牡~三分

夊部

0219 夏

3

- 80甲 半~十枚
- 80乙 半~毋父且
- 55 半~

久部

0220 久

7

- 3 ~欬
- 80甲 ~欬
- 84乙 ~坐不起
- 84乙 ~病者廿日平復
- 90甲 不可始~（灸）刺
- 87甲 治加及~（灸）創
- 82甲 ~泄
- 90甲 不可~（灸）刺
- 79 ~欬

第六　木部——邑部

木部

0221 木	0222 桃	0223 桂			0224 杜
木	桃	桂			杜
2	2	12			1
 49 橫~阬上	 4 嬰~	 52 ~一分	 46 ~一尺	 82乙 多血加~二分	 杜85乙 ~仲
	 79 大如嬰~	 4 ~烏喙	 44 ~一寸		
		 11 ~二分	 82甲 人參薑~各一分		

0225 桔	0226 梧	0227 榮	0228 梗	0229 柏	0230 本	0231 朱
4	1	2	5	1	1	3
3 ~梗	59 置~中	20 分閒~深三分	79 桔~	85乙 ~實	71 用利廬一~	85乙 山~臾
31 ~梗		21 ~深四分	3 桔~			91甲 山~臾二升半
8 ~梗			31 桔~			91甲 ~臾二升半
			8 桔~			

0232 根

根　1

84乙 活樓~十分

0233 果

果　3

57 付子卅~

89甲 付子卅~

17 付子廿~

0234 朴

朴　2

83甲 厚~三分

42 厚~

0235 枚

枚　15

47 桑卑肖十四~

44 地膽一~

44 班蚝十~

47 䗪虫三~

80甲 半夏十~

88甲 付子卅~

88乙 付子卅~

88乙 弓窮十~

0236 桔

桔　1

79 ~〈桔〉梗

0237 柱

柱　1

68 鼻~

編號	字	數	用例
0238	樓	1	樓 84乙 活～根十分
0239	牀	1	84甲 臥不安～
0240	栝	1	80乙 温飲一小～
0241	椎	2	20 俠～兩刺；20 十一～俠椎兩刺
0242	樂	3	31 勺～（藥）；9 此五痔皆同～（藥）；84乙 酒大～
0243	梁	1	46 治伏～裹
0244	采	3	32 菫～（菜）；61 禁食[諸]～（菜）；33 菫～（菜）
0245	横	2	48 ～五尺；49 索～木阬上

東部

0246 東

3

85甲 治～海白水矦所奏

80甲 款～一升

75 爲～鄉造

林部

0247 林

1

85乙 六曰莖中恿如～狀

叒部

0248 桑

1

75 以葦薪若～

0249 椒

10

3 蜀～各二分

11 蜀～一分

17 蜀～一升

57 蜀～四升

79 蜀～各二分

91甲 小～一升半

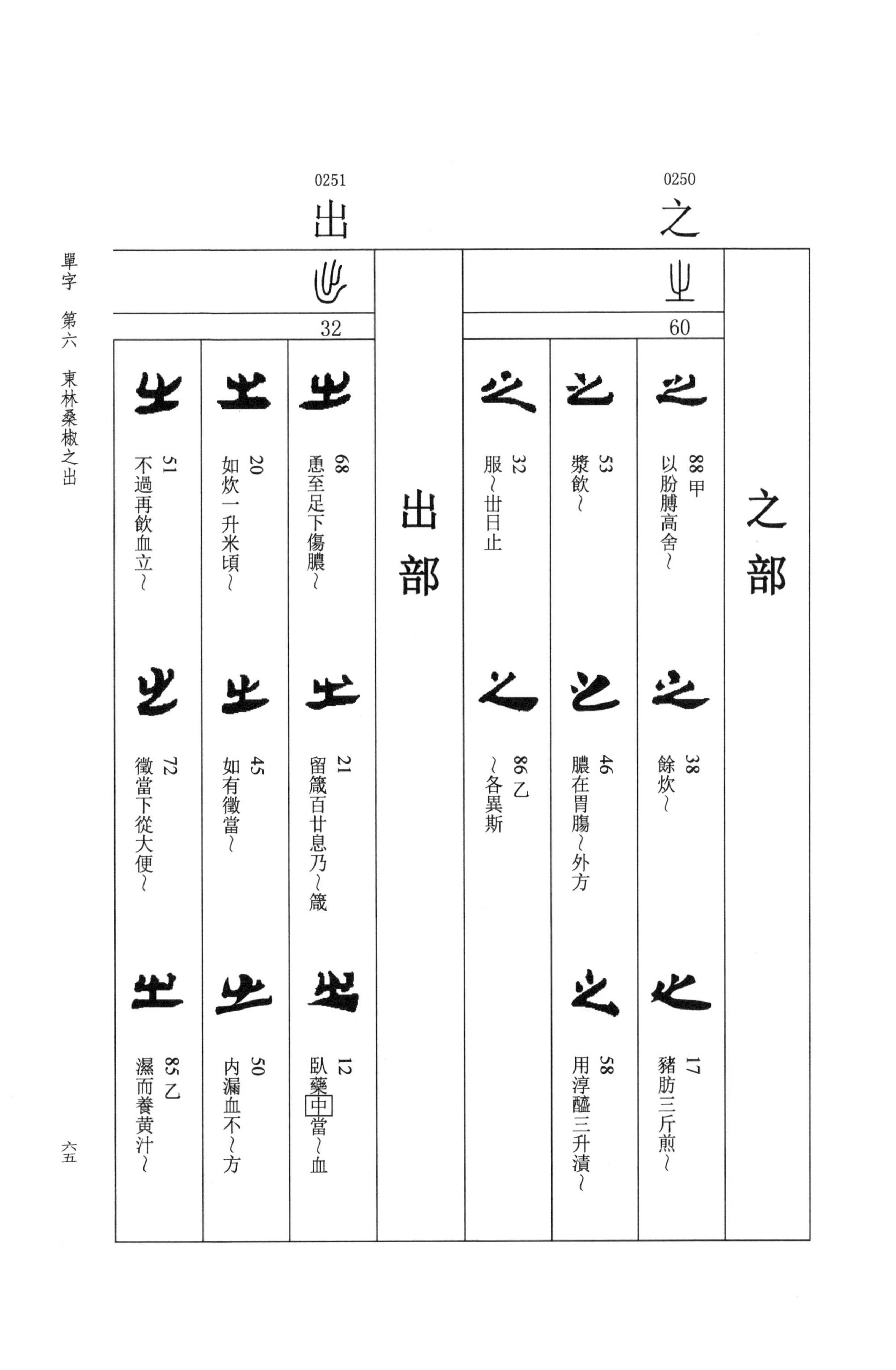

之部

0250 之 60

88甲 以盼膊高舍~

38 餘炊~

17 豬肪三斤煎~

53 漿飲~

46 膿在胃腸~外方

58 用淳醯三升漬~

32 服~卌日止

86乙 ~各異斯

出部

0251 出 32

68 悪至足下傷膿~

21 留箴百廿息乃~箴

12 臥藥[中]當~血

20 如炊一升米頃~

45 如有徵當~

50 內漏血不~方

51 不過再飲血立~

72 徵當下從大便~

85乙 濕而養黃汁~

49 勿得~見

朮部

0252
索

𥿋

1

49 ~横木阬上

生部

0253
生

𤯓

13

64 鼻中~惡傷

22 人~二歲毋急腹

21 人~一歲毋急心

86乙 隨皆復~

67 身~惡氣

56 赤豆初~未臥者

束部

0254 束

4

88甲 菓草二~

88乙 菓草二~

80甲 茈[菀]七~

橐部

0255 橐

4

橐 84甲 小~下養濕

85甲 四曰~下

80甲 ~吾一升

84甲 六曰~下養濕

貝部

0256 賁

1

賁 58 取~（豶）豬肪三斤

0257 貸

1

貸 56 ~赭

邑部

0258
竆

5

11 弓～（藭）二分

89甲 弓～（藭）一升

57 弓～（藭）一升

88乙 弓～（竆）十分

88甲 弓～（竆）十枚

第七 日部——白部

日部

0259
日

48

22 三~而死

22 廿~死

23 二~死

53 ~再夜一

22 十~而死

23 卅~而死

45 十~壹飲藥

70 ~三四飲

54 ~再三飲

86乙 卅日知六十~僾

86乙 卅~知六十日僾

84乙 卅~平復

83乙 服藥十~知

83乙 廿~僾

0260
時

5

58 卒~取賁豬肪三斤

85乙 輕重~腹中恿

84甲 行小便~難

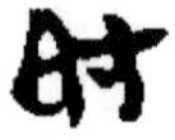

时 47 卒~煮之三

0261 早

1

71 ~（皂）荚一分

0262 昏

1

昏 64 ~衃塗之

0263 晦

1

90乙 朔~日

0264 昌

1

84乙 ~蒲二分

旦部

0265 旦

3

29 ~吞三丸

45 ~飲藥一刀圭

83甲 ~吞七丸

晶部

0266 重 **參**

4

- 42 苦～各六分
- 77 人～
- 82甲 人～

月部

0267 **月**

3

- 90乙 ～六日
- 16 春三～上旬

0268 **朔**

1

- 90甲 ～晦日甲午皆不可

有部

0269 **有**

11

- 17 ～病者取
- 84甲 治男子～七疾方
- 84乙 ～病如此
- 84乙 ～病如此
- 45 如～徵當出
- 85甲 ～農者

夕部

0270 夜 3

53 漿飲之日再～一

79 晝～唅三丸

4 晝～

0271 外 1

46 膿在胃腸之～方

多部

0272 多 4

83乙 小便數～

82乙 ～血加桂二分

82乙 ～農加石脂二分

82乙 ～□加黃芩一分

朿部

0273 棗 3

77 肥～五

65 酸～

80甲 ～廿枚

禾部

0274	0275 重	0276	0277	0278	0279
種	术	積	年	稍	秦

2	1	1	1	2	1
 81 治膚手足雍～（腫）	 8 ～方風細辛薑桂	 44 治心腹大～	 25 ～已過百歲者	 65 ～咽之  79 ～咽之	 81 ～瘳五分

米部

0280 米

4

20 留篋如炊一升~頃

8 方寸匕先餔飯~

83甲 糵~三分

70 以~汁飲一刀圭

0281 精

4

85乙 七曰~自出

84甲 五曰~少

84甲 四曰~失

68 音聲雖撕敗能復~

0282 氣

12

3 治久欬上~

18 心寒~脅下恿

19 寒~在胃莞

25 ~脈壹絶

67 身生惡~

49 熱~盡乃止

0283 糵

1

83甲 ~米三分

麻部

0284 麻

3

- 32 常作赤豆~（糜）
- 42 ~黄卌分
- 9 ~（糜）飲藥耳

宀部

0285 安

1

- 84甲 煩臥不~牀

0286 實

5

- 10 兔糸~
- 85乙 柏~
- 76 丸之大如吾~
- 29 大如吾~
- 83甲 如吾~

0287 容

1

- 85乙 肉從~（蓉）

0288 宰

5

- 17 五沸浚去~（滓）
- 18 與~（滓）擣之
- 71 去~（滓）

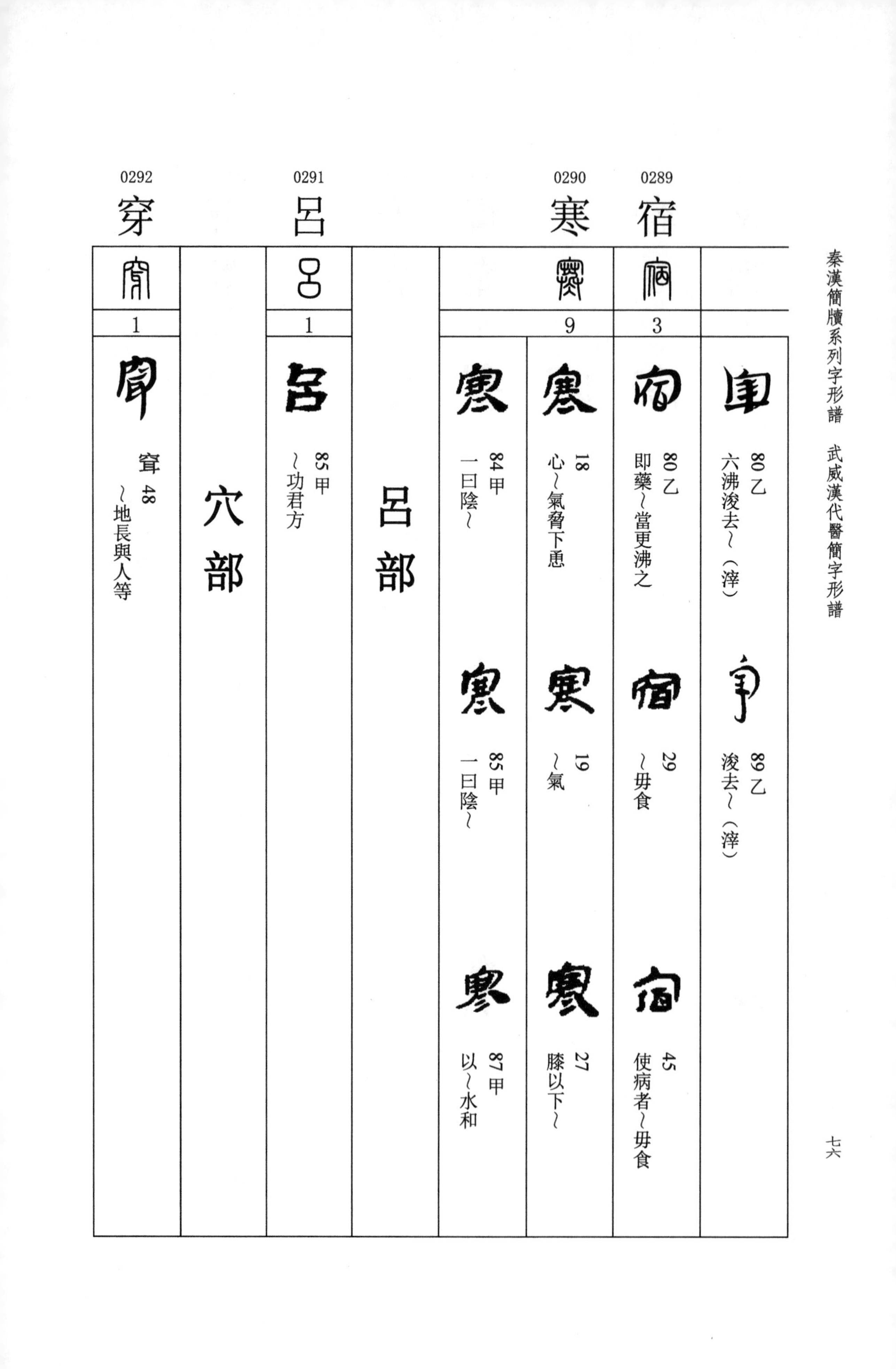

0289
宿
3

80乙 六沸浚去～（滓）

89乙 浚去～（滓）

80乙 即藥～當更沸之

29 ～毋食

45 使病者～毋食

0290
寒
9

18 心～氣脅下悉

19 ～氣

27 膝以下～

84甲 一曰陰～

85甲 一曰陰～

87甲 以～水和

呂部

0291
呂
1

85甲 ～功君方

穴部

0292
穿
1

穿 48 ～地長與人等

0293 空

空 (篆)

3

- 85乙　~居獨怒
- 60　上~者遺之中央

疒部

0294 疾

疾 (篆)

5

- 85甲　有七~及七傷
- 84甲　何謂七~
- 84甲　名曰七~
- 84甲　治男子有七~方

0295 病

病 (篆)

22

- 17　治百~膏藥方
- 17　有~者取
- 21　黃帝治~神魂忌
- 85乙　此~名曰
- 33　~愈
- 89甲　百~膏藥方
- 84乙　久~者卌日平復
- 84乙　有~如此終古毋子
- 49　其~者慎勿得出見
- 病 21　剌後三日~愈平復
- 78　右治百~方
- 90甲　~者日益加[深]

病 10 ～立愈石即出

0296 瘀 2

11 ～方

12 當出血久～

0297 疝 1

疝 67 ～吞之

0298 瘻 2

瘻 84甲 二曰陰～

85甲 二曰陰～

0299 痹 2

痹 81 治～手足雍種方

63 喉～

0300 痙 1

痙 15 治金創內～創

痓 62 創慝～皆中之

0301 瘦 1

瘦 73 老～者以人事感之

0302 重 瘁

6

9 治諸～

9 血～

9 石～

9 泔～

9 此五～皆同樂治之

9 膏～

0303 瘳

1

81 秦～（芄）五分

冃部

0304 同

6

24 八十者與七歲～

9 此五瘁皆～樂治之

24 九十者與八歲～

24 者與五歲～

24 與六歲～

㒳部

0305 兩

12

16 曾青四～

16 戎鹽三～

20—21 椎～剥桀深四分

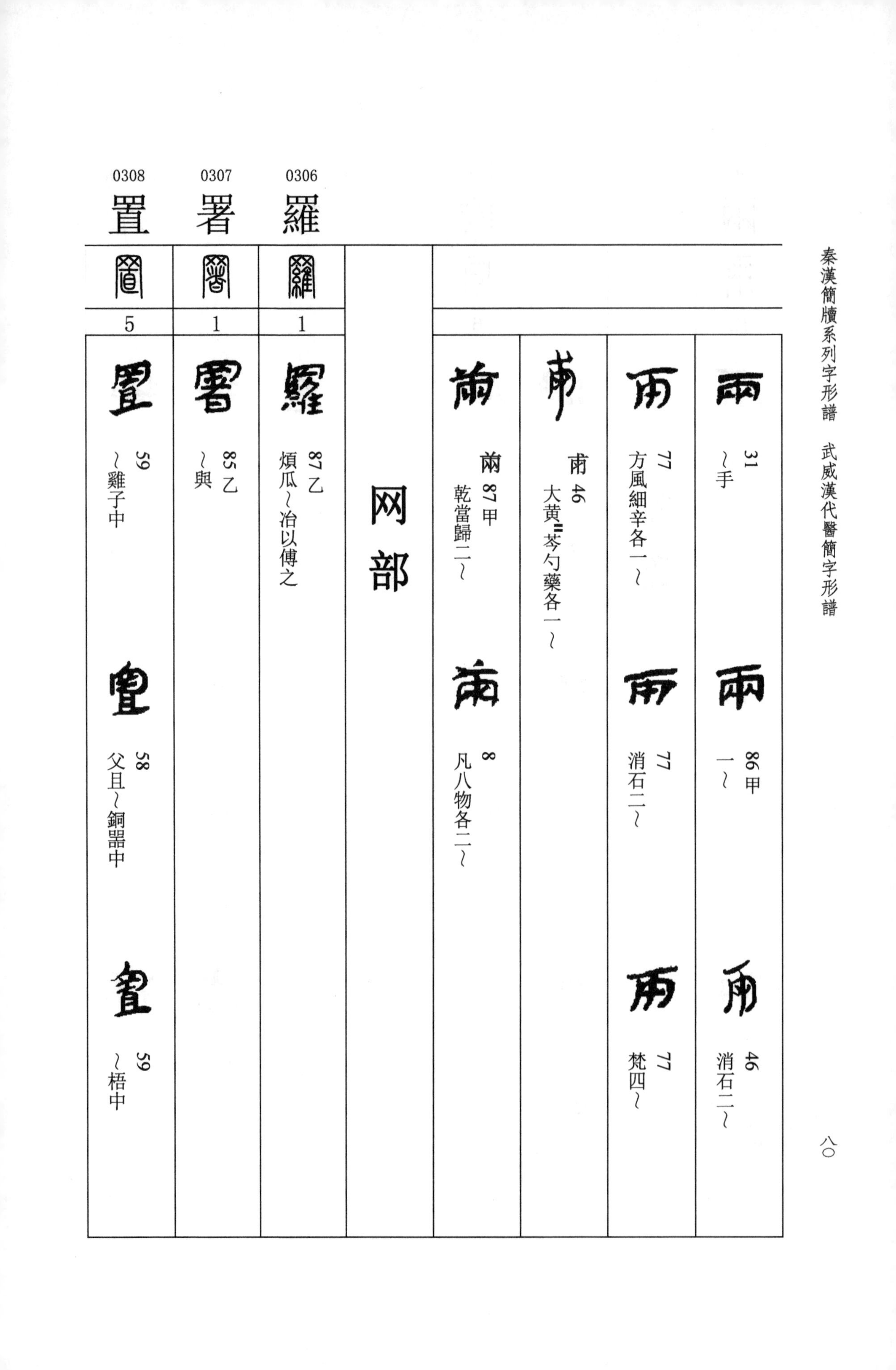

31 ~手	77 方風細辛各一~	甫 46 大黃〓芩勺藥各一~	㒳 87甲 乾當歸二~
86甲 一~	77 消石二~		8 凡八物各二~
46 消石二~	77 梵四~		

网部

0306 羅	0307 署	0308 置
1	1	5
87乙 煩瓜~治以傅之	85乙 ~與	59 ~雞子中
		58 父且~銅器中
		59 ~棓中

48—49 ~其阬中

巾部

0309 常

6

84甲 下~恖

85乙 意~欲得婦人

92甲 壹上天~

30 ~飯五

32 ~作赤豆

白部

0310 白

13

89甲 ~莖一升

84甲 赤黃泔~

83甲 丸以~密

57 ~芷一升

48 ~羊矢乾之十餘石

第八　人部——㱃部

人部

0311 人

23

23 ～生六歲毋灸手

23 ～生八歲毋灸肩

22 ～生四歲毋灸頭

88乙 治如～高藥方

22 ～生三歲毋灸背

73 老瘦者以～事感之

85乙 意常欲得婦～

21 ～生一歲毋灸心

22-23 ～生五歲毋久足

0312 仁

2

86乙 不～皆仁

86乙 不仁皆～

0313 仲

1

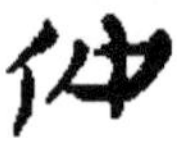
85乙 杜～

0314 何

3

84乙 ～已

85甲 ～謂七傷

84甲 ～謂七疾

0315
傳

5

16 以~目

87甲 藥取以~之

87乙 羅治以~之

87乙 創乾者和以膏~之

0316
付

11

17 ~（附）子廿果

88甲 ~（附）子廿枚

89甲 ~（附）子廿果

57 ~（附）子廿果

71 ~（附）子一分

0317
俠

1

俠 20 十一椎~椎兩刺

0318
作

2

32 常~赤豆

61 毋得力~

0319
代

1

69 藥用~盧如巴豆

0320
便

8

84甲 行小~時難

72 從大~出

51 即從大~出

84甲 ~赤膿餘[酒]

83乙 小~數多

85乙 五曰小~有餘

0321 使

1

45 ~病者宿毋食

0322 傳

7

34 勿忘~也

53 勿~也

54 勿~也

62 勿~也

84乙 千金不~也

67 勿得~

74 禁不~也

0323 倍

1

12 ~恿者臥藥

0324 傷

9

84乙 已汻□孫□內~

85甲 有七疾及七~

68 ~膿出

0325 伏

2

84乙 ~下

46 治~梁裏膿在胃腸

0326 傯

11

10 立～

87乙 以～爲故

68 廿日知～

81 以～爲度

84乙 爲後飯～

55 其不～者

匕部

0327 匕

12

14 以方寸～酒飲

43 方寸～一飲之

51 以方寸～一酒飲

59 以五分～一

81 半方寸～一先餔飯

0328 頃

1

20 留箴如炊一升米～

从部

0329 從

7

20 次剌項～上下

51 ～大便出

72 當下～大便出

0330
并

9

45 如有徵當出～

85乙 肉～（蓯）容天雄署

49 阬中～（縱）火其上

84乙 凡六物皆～冶

69 各一分～合和

71 皆～父且

56 凡九物皆～冶

8 凡八物各二兩～冶

壬部

0331
徵

3

72 ～當下從大便出

45 如有～當出

70 日三四飲～出乃止

重部

0332
重

2

86甲 三～盛藥

85乙 輕～時腹中恿

0333
量

1

83甲 禹餘～（糧）四分

臥部

0334 臥

7

84甲 煩～不安牀

31 不到頭不得～方

49 取其～人

49 ～其阬上

82甲 治久泄腸辟～血

12 悤者～

56 赤豆初生未～者

0335 臨

1

85乙 ～事不起

身部

0336 身

2

26 ～不□□名曰

67 ～生惡氣

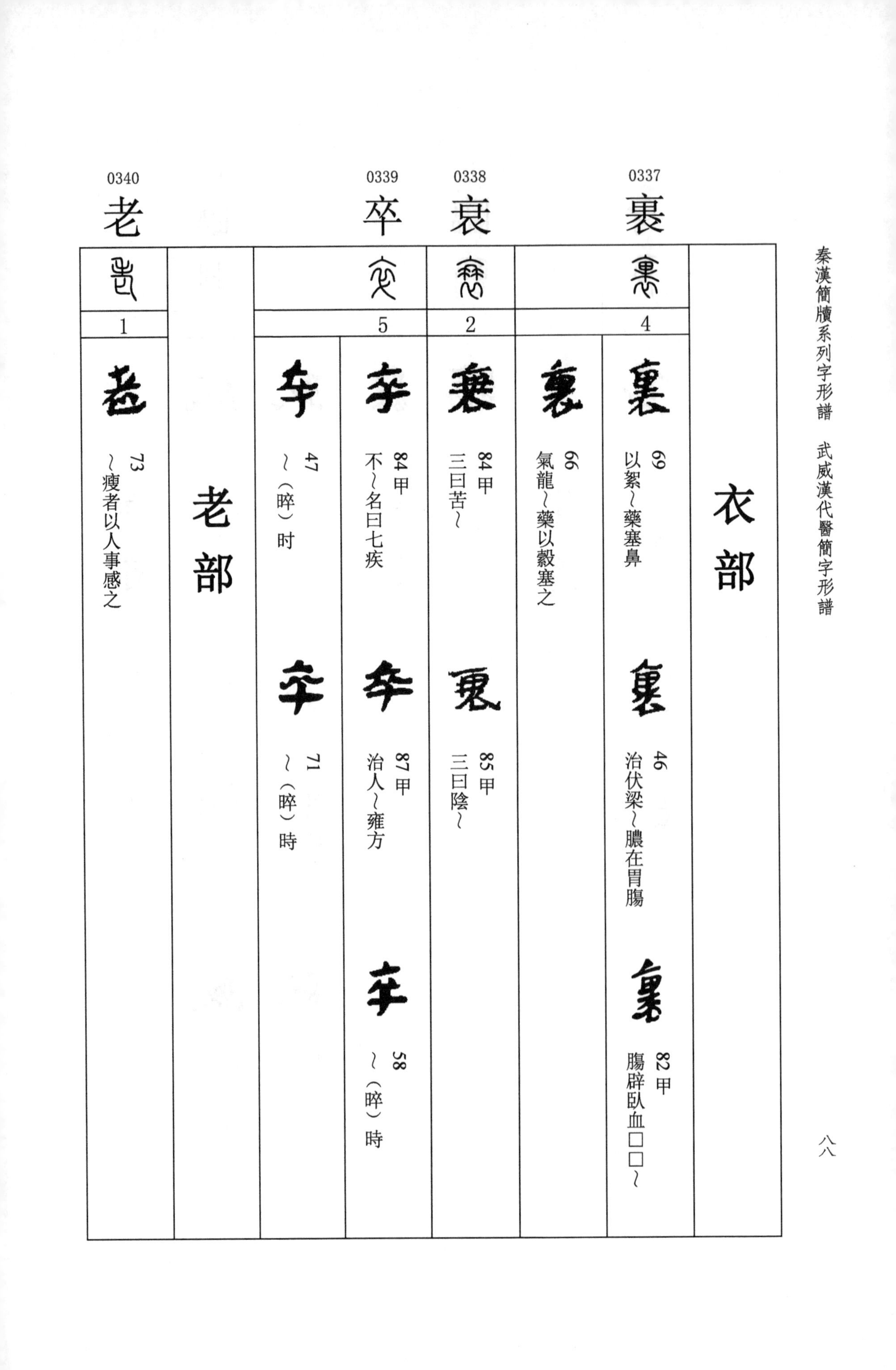

衣部

0337 裹 (4)

69 以絮～藥塞鼻

46 治伏梁～膿在胃腸

82甲 腸辟臥血□□～

66 氣龍～藥以穀塞之

0338 衰 (2)

84甲 三曰苦～

85甲 三曰陰～

0339 卒 (5)

84甲 不～名曰七疾

87甲 治人～雍方

58 ～（睟）時

47 ～（睟）时

71 ～（睟）時

老部

0340 老 (1)

73 ～瘦者以人事感之

尸部

0341
居

1

85乙
空~獨怒

尺部

0342
尺

4

80甲
桂一~

48
深七~

46
桂一~

舟部

0343
服

4

68
傷膿出逐~之

76
日再~藥一

32
~之卅日止

83乙
~藥十日知

方部

0344

方

56

3 卅歲以上～

42 治魯氏青行解=腹～

46 膿在胃腸之外～

51 以～寸匕一酒飲

88乙 治婦人高藥～

89甲 百病膏藥～

91甲 ～風半斤

52 治金創止慂～

43 ～寸匕一飲之

兄部

0345

兄

1

92甲 大～爲天一

先部

0346

先

9

58 取賁豬肪三斤～前

27 氣脉不通～

8 以方寸匕～餔飯米

76 ~餔食吞二丸

81 ~餔飯酒飲

見部

0347 見

5

30 勿~火皇日月

30 勿~風

90乙 可久刺~血

49 勿得出~

欠部

0348 款

1

80甲 ~東一升

0349 欲

1

85乙 意常~得婦人

0350 欶

3

3 久~

80甲 久~

0351 次

2

19 ~剌

20 ~剌項

㱃部

0352 㱃

38

飲 18 温酒~之

36 不過三~

9 麻~藥耳

36 酒~一方寸匕

80乙 日三~

10 以方寸匕酒~

85甲 以温酒~方寸匕一

90甲 五辰不可~藥

81 先餔飯酒~

第九 頁部——昜部

頁部

0353 頭

4

頭 22 人生四歲毋怸～

頭 66—67 ～恿風塗之

頭 31 兩手不到～不得臥

頭 50—51 寍～二分

0354 項

1

項 20 次剌～從上下

0355 煩

4

煩 87乙 ～（燔）瓜羅治以傅

煩 87乙 ～（燔）狼毒

煩 84甲 ～臥不安牀

須部

0356 須

1

須 68 六十日～麋生

彡部

0357 弱

1

85乙 下～（溺）旁光

卩部

0358 令

4

13 ～創中温方

48 ～病後不復發

80乙 炊～六沸

84甲 ～人陰

0359 厀

6

膝 84甲 ～脛寒

27 ～以下寒

20 ～下五寸分

84乙 牛～四分

85乙 牛～

91甲 牛～半斤

辟部

0360
辟

1

82甲 久泄腸～（澼）臥血

勹部

0361
旬

2

16 三月上～

90甲 不可久刺不出～死

鬼部

0362
魂

1

21 黃帝治病神～忌

山部

0363
山

2

85乙 ～朱臾

91甲 ～朱臾二升半

0364
密

6

80甲 ～（蜜）半升

4 丸以白～（蜜）

29 丸以～（蜜）

82甲 丸以～（蜜）

83甲 丸以白～（蜜）

79 丸白～（蜜）

广部

0365 府

1

63 血～恿呑之摩之

0366 廬

3

11 漏～二分

69 藥用代～如

71 藥用利～一本

丸部

0367 丸

18

4 三～消咽其汁

76 先餔食呑二～

18 呑五～

83甲 餔呑九～

79 晝夜唅三～

83乙 莫呑十一～

石部

0368 石 (25)

- 42 ~膏
- 50 消~二分
- 52 ~膏一分
- 56 赤~脂
- 80甲 ~膏半升
- 82甲 ~脂
- 86甲 玄~
- 86甲 消~
- 82乙 ~脂二分

0369 礜 (1)

- 86甲 ~石

0370 磨 (2)

- 70 藥用亭~二分
- 71 亭~二分

長部

0371 長 (3)

- 86甲 ~☒一兩
- 48 穿地~與人等
- 13 ~石二分

0372 ⿰镸毛 (1)

- 44 班~（蝥）十枚

勿部

0373

勿

8

34 ~忘傳也

49 ~得出見

62 ~傳也

54 ~傳也

53 ~傳也

30 ~見風

而部

0374

而

9

22 三日~死

22 五日~死

23 卅日~死

23 九日~死

65 摩之皆三乾~止

85乙 濕~養

23 六日~死

豕部

0375

豬

5

17 ～肪三斤煎之

32 禁～肉

58 取賁～肪三斤

82 乙 ～肉

昜部

0376

昜

1

66 日壹～之

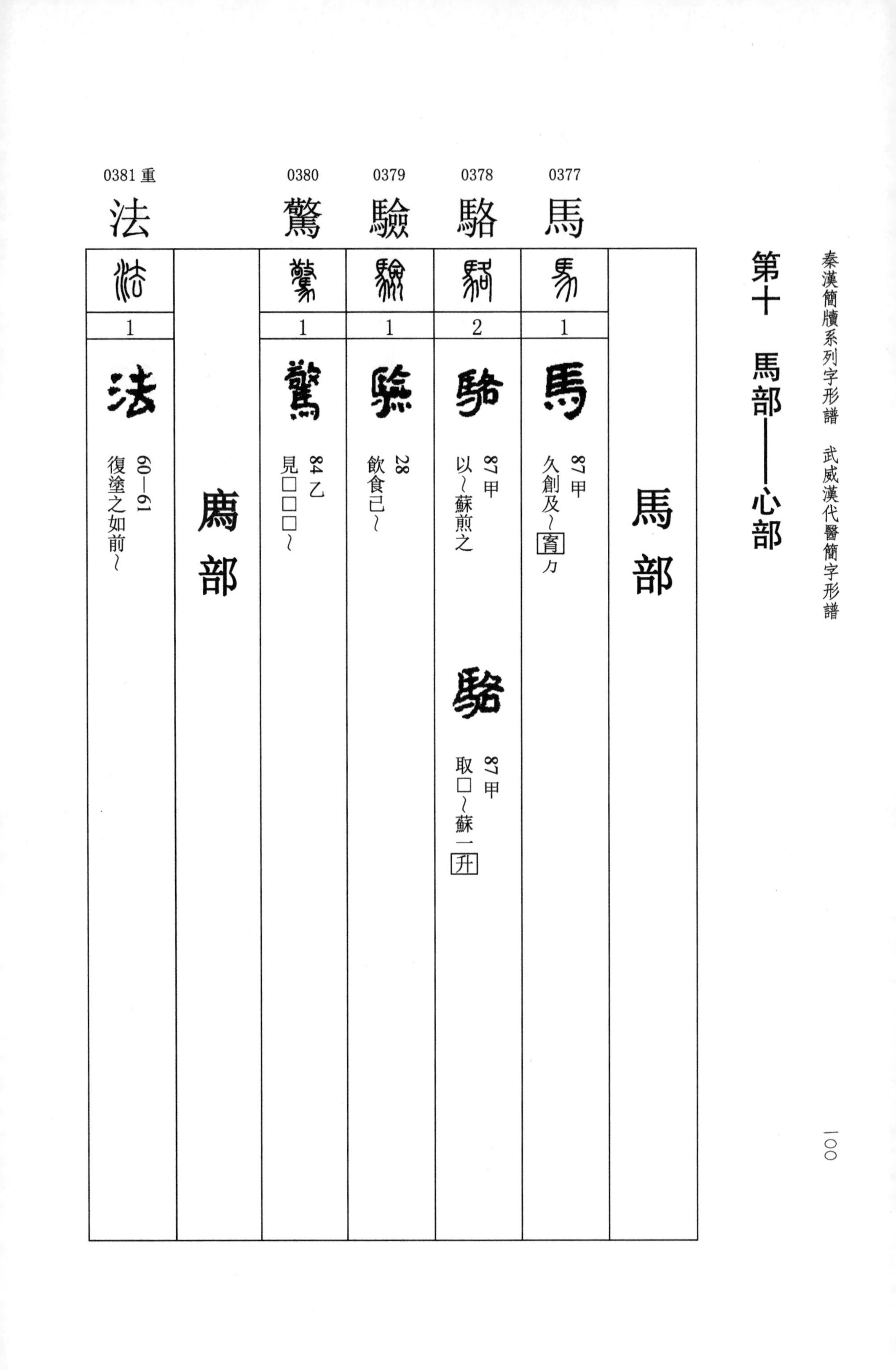

第十　馬部——心部

馬部

0377 馬
1
87甲　久創及～[膏]刀

0378 駱
2
87甲　以～蘇煎之
87甲　取□～蘇一[升]

0379 驗
1
28　飲食已～

0380 驚
1
84乙　見□□□～

廌部

0381 重 法
1
60—61　復塗之如前～

鹿部

0382 麋

1

68 六十日須~（眉）生

兔部

0383 兔

1

10 ~系實

犬部

0384 狗

1

87乙 治~齧人創恿方

0385 狀

4

85乙 六曰莖中恿如林~

44 上下行如虫~大恿

3 喉中如百虫鳴~

79 喉中如百虫鳴~

0386 獨

2

85乙 空居～怒臨事不起

25 久死矣～

0387 狼

1

87乙 煩～毒治以傳之

能部

0388 能

4

68 音聲雖嘶敗～復精

86乙 雖折～復起

55 潰醫不～治禁方

82甲 醫不～治皆射去方

火部

0389 火

3

49 阬中從～其上

30 勿見～皇日月

87乙 治湯～涑方

0390 炊

4

38 藥畢餘～之

80乙 ～令六沸

20 留箴如～一升米頃

（接上頁）
- 75 爲東鄉造～

0391 煎 (3)
- 17 豬肪三斤～之
- 87甲 以駱蘇～之
- 89乙 ～藥

0392 灸 (10)
- 灸 22 人生二歲毋～腹
- 22 人生三歲毋～背
- 23 人生六歲毋～手
- 23 人生七日毋～脛
- 25 ～剌者
- 25 ～死矣

0393 重 焦 (1)
- 85甲 ～一

0394 光 (1)
- 85乙 下弱旁～（朓）

0395 熱 (3)
- 49 ～氣盡乃止
- 84甲 膝脛寒手足～

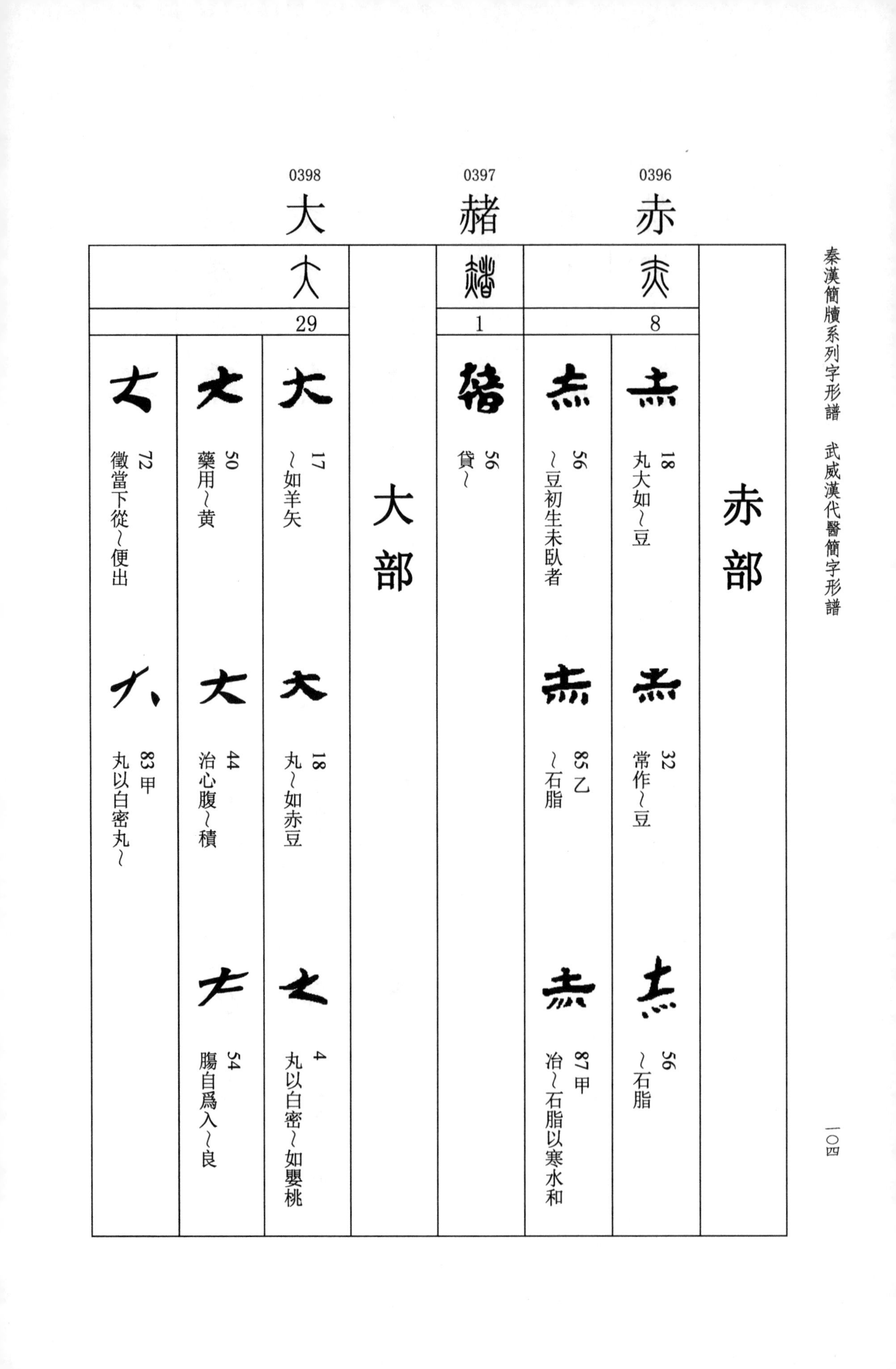

赤部

0396 赤

8

18 丸大如～豆

32 常作～豆

56 ～石脂

56 ～豆初生未臥者

85乙 ～石脂

87甲 治～石脂以寒水和

0397 赭

1

56 貸～

大部

0398 大

29

17 ～如羊矢

18 丸～如赤豆

4 丸以白密～如嬰桃

50 藥用～黃

44 治心腹～積

54 腸自爲入～良

72 徵當下從～便出

83甲 丸以白密丸～

亦部

0399
亦

2

73 此藥～中治毒養

64 ～可吞之

壹部

0400
壹

4

92甲 ～上天

25 氣脈～絕

66 日～易之

45 十日～飲藥

夲部

0401
奏

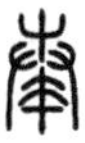

2

85甲 白水矦所～方

84甲 白水矦所～

立部

0402 立

篆：立　4

51 不過再飲血～出

13 創～不悪

14 不過再飲血～出

心部

0403 心

篆：心　4

18 ～寒氣脅下悪

21 人生一歲毋灸～

63 ～腹悪吞之

0404 息

篆：息　2

21 留箴百廿～

69—70 塞鼻諸～肉皆出

0405 志

篆：志　1

85乙 遠～

0406 意

篆：意　1

85乙 ～常欲得婦人

0407 慎

篆：慎　1

49 其病者～

0408	0409	0410	0411	0412	0413	0414
急	忘	忌	怒	惡	潓	感

1	1	1	1	2	1	1
 84甲 下溜旁～	 34 勿～（妄）傳也	 21 黃帝治病神魂～	 85乙 空居獨～臨事不起	 葸 64 鼻中生～傷  67 身生～氣	 19 ～傯出箴	 73 老瘦者以人事～之

0415 愈	0416 慂
1	1

33 日病~禁酒葷采	52 治金創止~（痛）方

第十一 水部——龍部

水部

0417 水

7

- 32 飲～
- 35 七當大下～盡飲
- 84甲 白～矦
- 80乙 洎～斗六升
- 75 復置～一升其中

0418 河

1

- 91乙 ～菽半斤

0419 涷

1

- 87乙 治湯火～（涷）方

0420 温

7

- 18 ～酒飲之
- 13 ～酒飲一刀
- 13 令創中～方
- 84甲 ～〓下溜旁急
- 85甲 ～酒飲方寸匕一
- 80乙 ～飲一小桮

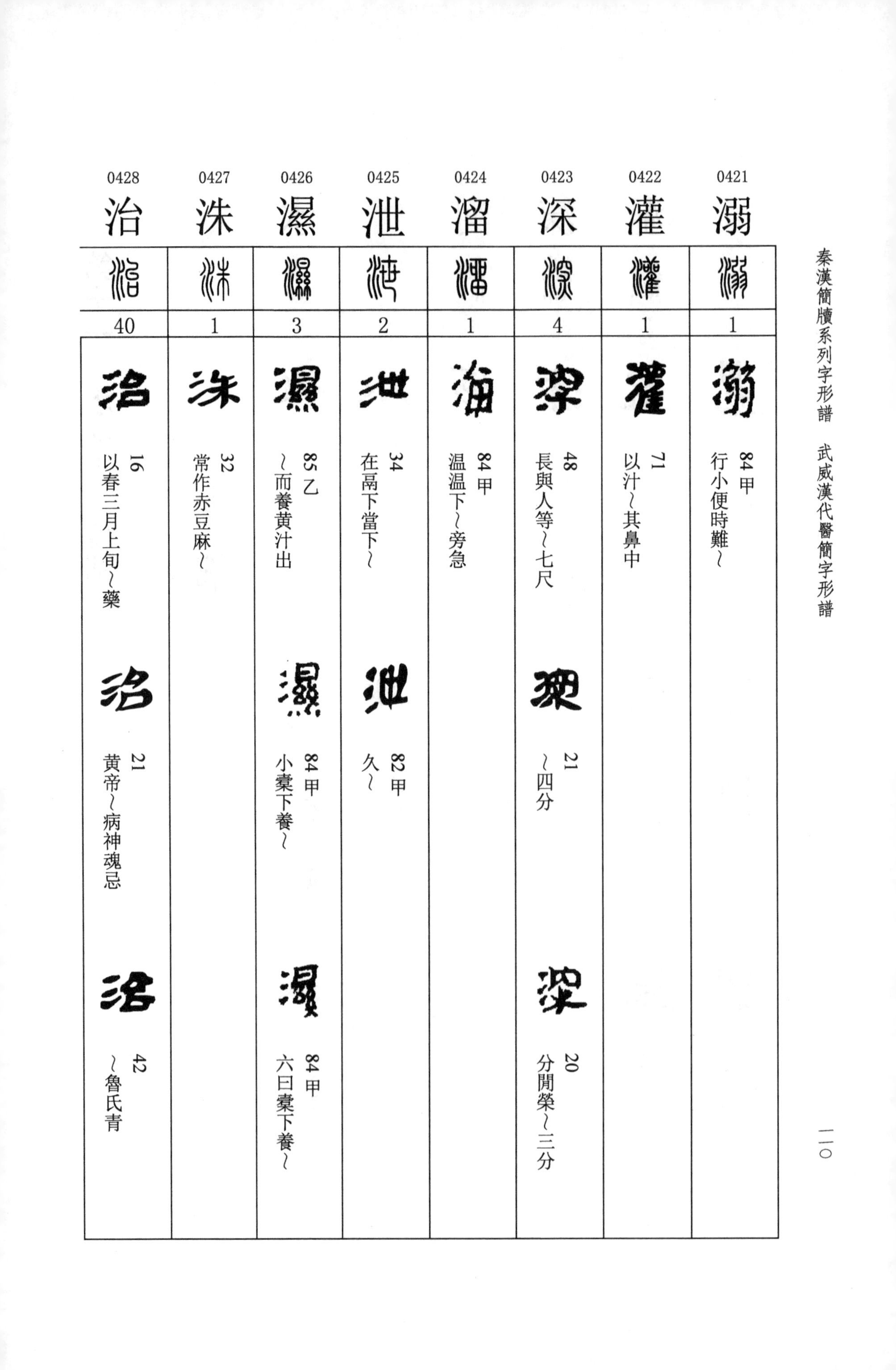

編號	字頭	數量	辭例
0421	溺	1	84甲 行小便時難～
0422	灌	1	71 以汁～其鼻中
0423	深	4	48 長與人等～七尺；21 ～四分；20 分閒榮～三分
0424	溜	1	84甲 温温下～旁急
0425	泄	2	34 在鬲下當下～；82甲 久～
0426	濕	3	85乙 ～而養黄汁出；84甲 小橐下養～；84甲 六曰橐下養～
0427	洙	1	32 常作赤豆麻～
0428	治	40	16 以春三月上旬～藥；21 黄帝～病神魂忌；42 ～魯氏青

44 ~心腹大積

46 ~伏梁裹膿在胃腸

50 ~金創内漏血

52 ~金創止慂方

84乙 毋子~之方

57 ~千金膏藥方

79 ~久欬

0429 海 1

海 85甲 東~白水矦所奏方

0430 涓 1

84甲 不安牀~目泣出

0431 活 1

84乙 ~（栝）樓根十分

0432 滑 1

10 兔糸實~石各七分

0433 澤 1

6 ~舄五分

0434 潰（2）
- 55 ～醫不能治禁方
- 61 已有膿者～

0435 沙（1）
- 86甲 丹～（砂）

0436 汻（1）
- 84乙 已～□孫□內傷

0437 沸（4）
- 87甲 以駱蘇煎之三～
- 80乙 六～浚去宰
- 80乙 即藥宿當更～之
- 17 豬肪三斤煎之五～

0438 漬（5）
- 89甲 ～以淳醯三升
- 71 以醇醯～
- 58 用淳醯三升～之
- 47 ～以淳酒五升

0439 消（5）
- 46 ～石二兩
- 50 ～石二分
- 86甲 ～石

	0440 洎	0441 浚	0442 泔	0443 湪	0444 汁		0445 淳
	1	3	3	1	8		4
77 ~石二兩	80乙 ~水斗六升	17 五沸~去宰	84甲 溺□赤黃~白	52—53 酢~飲之	15 和以鼓~飲之	84甲 黃~出	12 以~酒和飲
4 三丸~咽其汁		80乙 炊令六沸~去宰			54 以鼓~飲之	85乙 濕而養黃~出	
		89乙 ~去宰			71 以~灌其鼻中	70 以米~飲一刀圭	

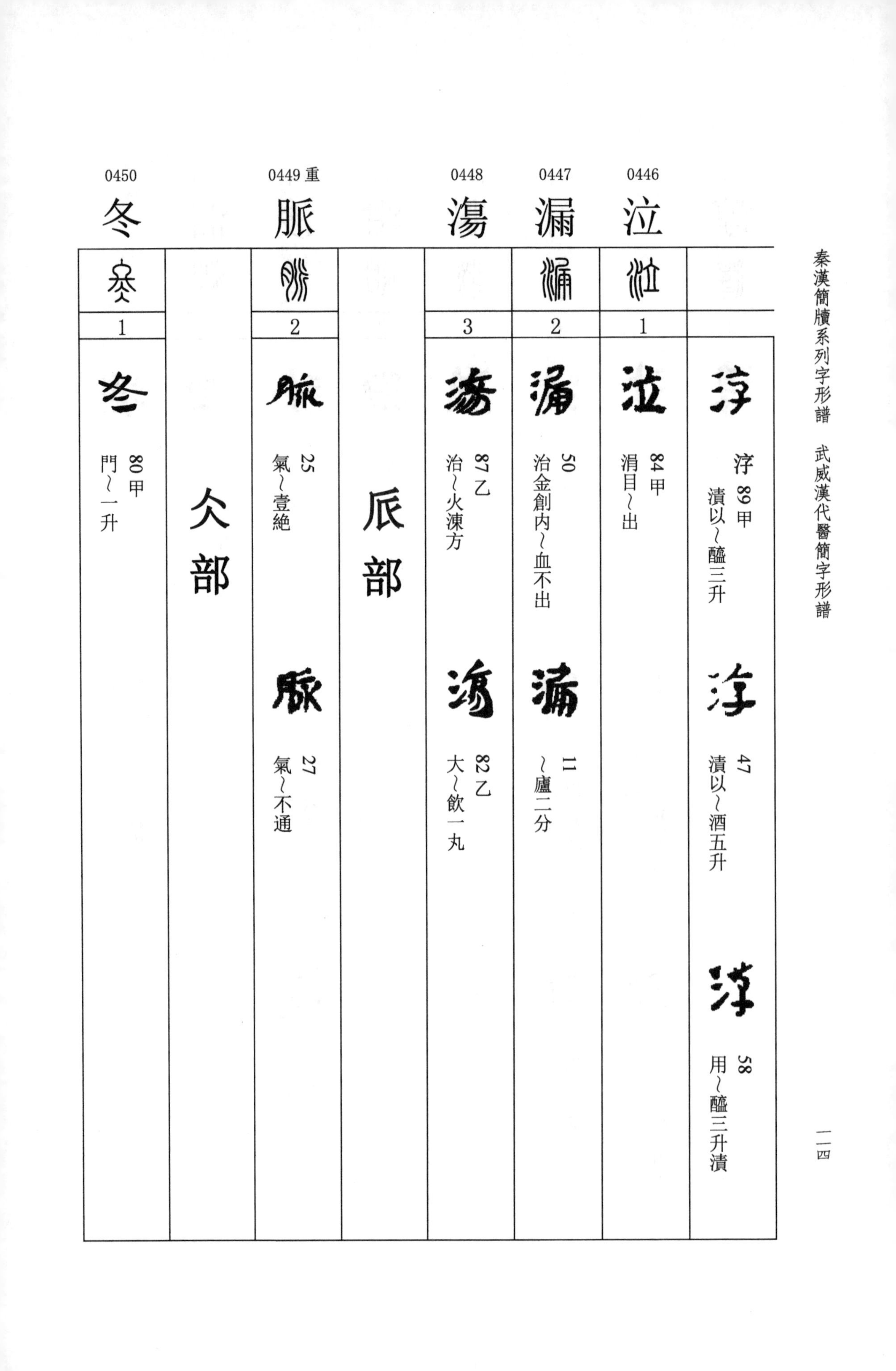

浮 89甲 漬以~醯三升

47 漬以~酒五升

58 用~醯三升漬

0446 泣 1

84甲 涓目~出

0447 漏 2

50 治金創內~血不出

11 ~盧二分

0448 湯 3

87乙 治~火涷方

82乙 大~飲一丸

𠂢部

0449重 脈 2

25 氣~壹絕

27 氣~不通

仌部

0450 冬 1

80甲 門~一升

0451

冶

26

57—58 凡四物皆～

56 凡九物皆并～

51 凡五物皆～

16 皆～合以乳汁和

44—45 凡三物皆并～

52 凡四物皆～

83甲 凡六物皆～

魚部

0452

魚

4

33 ～亲

32 禁豬肉～葷采

30 ～葷采

82乙 禁鮮～豬肉

0453

鮮

1

82乙 禁～魚豬肉

龍部

0454

龍

4

66 氣～（聾）

54 治～骨三指撮

14—15 治～骨三指

82甲 ～骨

第十二 乙部——系部

乙部

0455 乳

3

16 以~汁和

65 又中如人~餘

不部

0456 不

38

31 兩手~到頭不得臥

50 內漏血~出方

55 其~愈者

51 ~過再飲

55 醫~能治禁方

90甲 ~出旬死

90乙 皆~可始

25 ~可久

84乙 千金~傳也

84乙 久坐~起

82乙 ~知

90乙 皆~可久

51 ～即從大便出

至部

0457 至

5

24 六十～七十者

24 七十～八十者

25 九十～百歲者

68 愚～足下

0458 到

1

31 兩手不～頭不得臥

鹽部

0459 鹽

1

鹽 16 戎～三兩

戶部

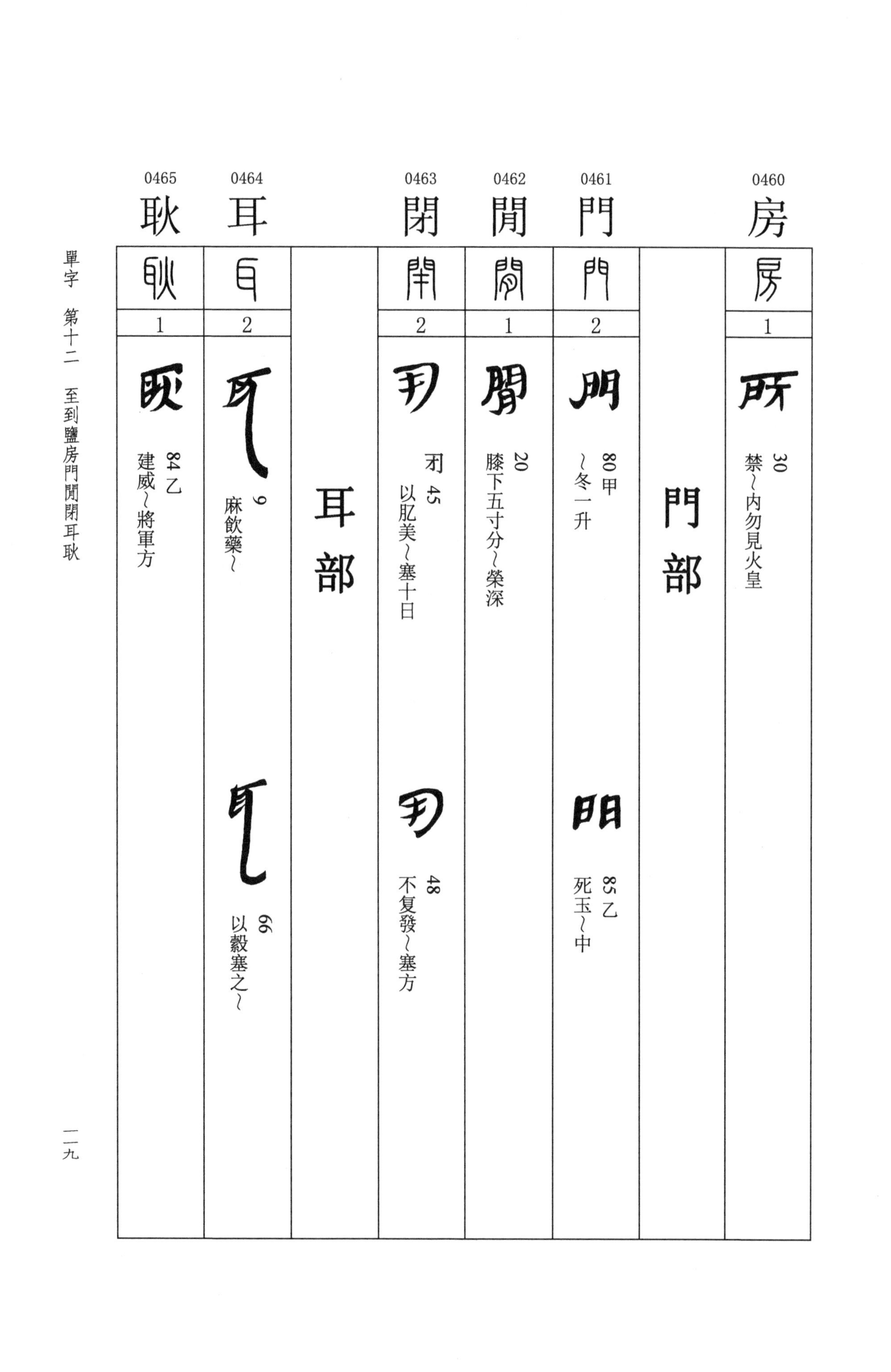

0460 房
房
1
30 禁～内勿見火皇

門部

0461 門
門
2
80甲 ～冬一升
85乙 死玉～中

0462 閒
閒
1
20 膝下五寸分～榮深

0463 閉
閉
2
45 刃 以肊美～塞十日
48 不复發～塞方

耳部

0464 耳
耳
2
9 麻飲藥～
66 以縠塞之～

0465 耿
耿
1
84乙 建威～將軍方

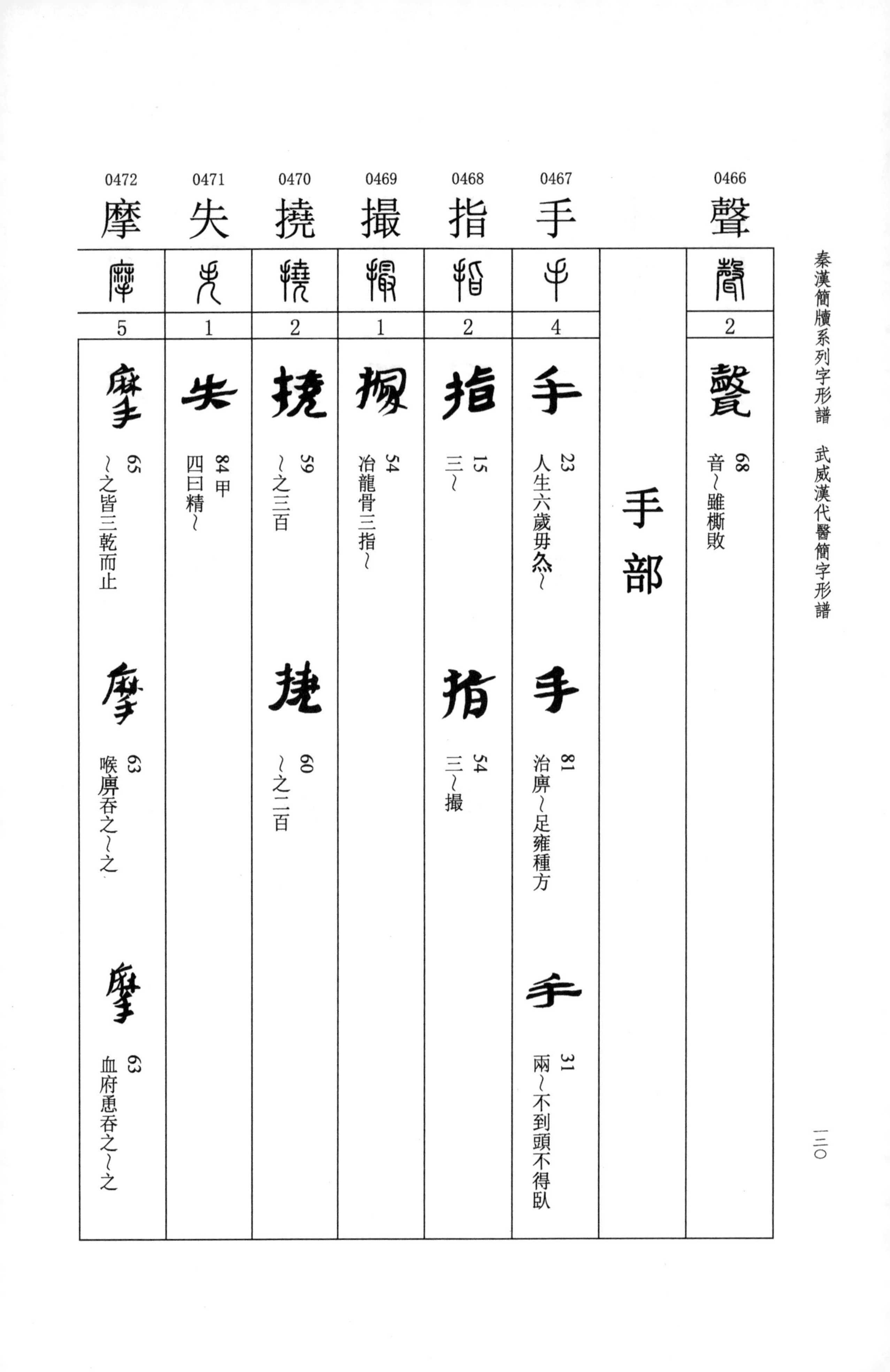

0466 聲 2
- 68 音～雖㮇敗

手部

0467 手 4
- 23 人生六歲毋灸～
- 81 治痹～足雍種方
- 31 兩～不到頭不得臥

0468 指 2
- 15 三～
- 54 三～撮

0469 撮 1
- 54 治龍骨三指～

0470 撓 2
- 59 ～之三百
- 60 ～之二百

0471 失 1
- 84甲 四曰精～

0472 摩 5
- 65 ～之皆三乾而止
- 63 喉痹吞之～之
- 63 血府恿吞之～之

63—64 咽乾~之

67 以三指~

0473 撝

2

18 與宰~之

女部

0474 女

1

92乙 嫁~

0475 嫁

1

92乙 ~女

0476 婦

1

85乙 意常欲得~人

0477 威

3

84乙 建~耿將軍方

91乙 二斤直廿七子~取

91乙 續斷一斤百子~取

0478 始

2

90甲 五辰辛不可~久剌

90乙 皆不可~

0479 如 21

- 3 喉中～百虫鳴狀
- 4 丸以白密大～嬰桃
- 18 丸大～赤豆
- 20 留箴～炊
- 82甲 大～彈丸
- 83甲 丸大～吾實

0480 嬰 2

- 4 ～（櫻）桃
- 79 大如～（櫻）桃

0481 姊 3

- 88乙 治～（婦）人高藥方
- 88甲 治～（婦）人膏藥方
- 65 又中～（婦）人乳餘

毋部

0482 毋 15

- 21 人生一歲～灸心
- 22 人生三歲～灸背
- 22 人生二歲～灸腹
- 22 人生四歲～灸
- 23 人生六歲～灸手
- 23 人生七日～灸脛
- 23 人生八歲～灸肩
- 80乙 半夏～父且
- 23 人生五歲～久足

乁部

0483

也

7

34 勿忘傳～

27 者名曰泉水～

53 勿傳～

54 勿傳～

74 禁不傳～

氏部

0484

氏

1

42 治魯～青行解=腹方

戈部

0485

戠

1

我 16 ～鹽三兩

乚部

0486
直

8

91甲
山朱臾二升半～五十

91甲
牛膝半斤～五十

91甲
黃芩一斤～七十

91乙
黃連半斤～百

91乙
凡～九百廿七

91乙
河菆半斤～七十五

亾部

0487
無

1

90乙
～□禁朔晦日甲午

弓部

0488
弓

5

57
～竈一升

11
～竈二分

89甲
～竈一升

88乙
～竈十枚

88甲
～竈十分

0489 張
1
15 不悹腹～方

0490 彈
1
彈 82甲 大如～丸

0491 發
1
48 不复～閉塞方

系部

0492 孫
2
84乙 已汻□～□内傷
83乙 公～君方

第十三　糸部——力部

糸部

編號	字頭	篆文	數	字形
0493	糸		1	 10 兔～實滑石
0494	絶		1	 25 氣脈壹～
0495	續		3	 91乙 ～斷一斤  84乙 ～斷四分
0496	細		4	 77 方風～辛各一兩  8 ～辛  55 ～辛
0497	終		1	 84乙 有病如此～古毋子
0498	縠		1	 66 裹藥以～塞之耳

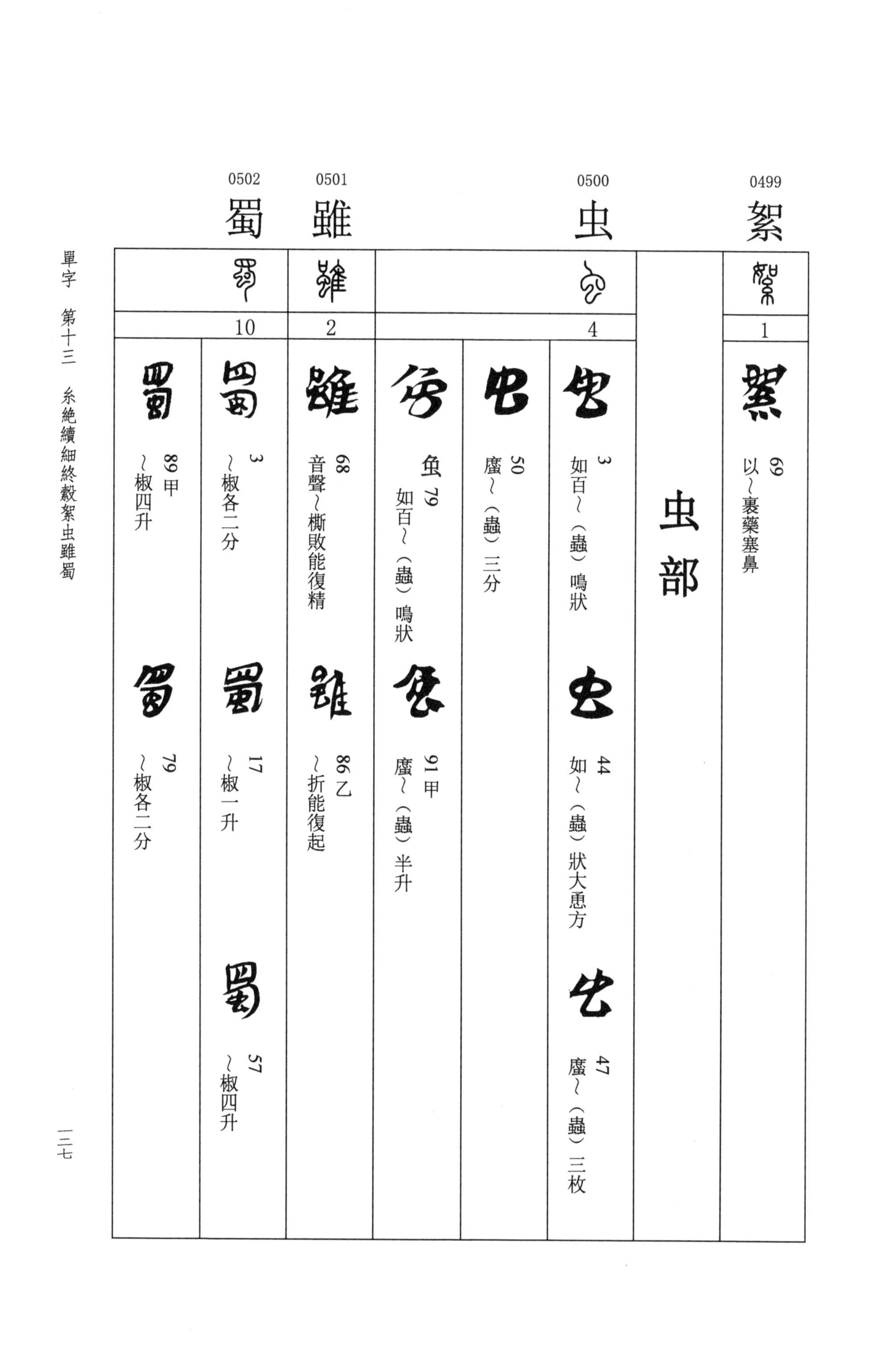

0499 絮

1

- 69 以～裹藥塞鼻

虫部

0500 虫

4

- 3 如百～（蟲）鳴狀
- 44 如～（蟲）狀大恿方
- 47 䗪～（蟲）三枚
- 50 䗪～（蟲）三分
- ⿱𠂊虫 79 如百～（蟲）鳴狀
- 91甲 䗪～（蟲）半升

0501 雖

2

- 68 音聲～㯕敗能復精
- 86乙 ～折能復起

0502 蜀

10

- 3 ～椒各二分
- 17 ～椒一升
- 57 ～椒四升
- 89甲 ～椒四升
- 79 ～椒各二分

0503 䗪

3

47 ~虫三枚

50 ~虫三分

91甲 ~虫半升

蚰部

0504 蠶

1

朁 56 ~矢

0505 蝱

1

蝱 11 ~一分

風部

0506 風

9

6 治傷寒遂~方

43 傷寒逐~

66 頭恿~

91甲 方~半斤

86甲 大~方

77 方~

它部

0507 重

蛇

1

85乙 虵 ~☐

二部

0508

二

44

3 蜀椒各~分

22 人生~歲毋忩腹

46 消石~兩

91甲 朱臾~升半

50 ~分曾青二分

52 薑~分

70 藥用亭磨~分

88乙 菓草~束

50—51 ⿱宀虫頭~分

0509

凡

27

56 ~九物

52 ~四物

42 ~七物

44 ~三物

51 ~五物

79 ~六物

土部

0510 地
地
2

48 穿～長與人等

44 ～膽一枚

0511 在
在
3

19 寒氣～胃

34 ～鬲下當下泄

46 膿～胃腸之外方

0512 堊
堊
2

坐 84乙 其～則應中

尘 84乙 久～不起

0513 塞
塞
4

69 以絮裹藥～鼻

66 裹藥以穀～之耳

48 不复發閉～方

45 以肊美閉～十日

0514 圭
圭
2

45 旦飲藥一刀～

70 以米汁飲一刀～

0515 塗

10

塗 87甲—87乙 以寒水和～雍上

67 身生惡氣～之

61 三～去其故藥

66 頭恿風～

64 昏衄～之

66 金創～之

60 藥乾復～之如

64 齒恿～之

60 薄以～其雍者

里部

0516 里

1

20 名曰三～

田部

0517 當

16

12 ～出血久瘀

11 乾～歸二分

87甲 乾～歸二兩

68 六日脛中～恿

69 鼻中～胕血出

35 七～大下水盡飲

0518

畱

畱

3

88甲　~歸十分

92甲　酉未下~此

45　如有徵~出

72　徵~下

畱 20　~箴如炊一升米頃

21　~箴百廿息乃出箴

黄部

0519

黄

黄

20

42　麻~卅分

42　大~十五分

31　大~

86甲　雄~

82甲　~連四分

59　先取雞子中~者

50　藥用大~

70　大~一分

46　大~

83甲　~芩七分

男部

0520 男

2

- 84甲 ～子
- 85甲 ～子

力部

0521 力

1

- 61 毋得～作禁食

0522 功

1

- 85甲 吕～君方

0523 加

6

- 87甲 治～（痂）
- 82乙 多血～桂二分
- 82乙 多農～石脂二分

0524 重 恿

22

- 12 倍～（痛）者臥藥
- 13 治金創止～（痛）
- 13 創立不～（痛）
- 16 治目～（痛）方
- 18 心寒氣脅下～（痛）
- 87乙 治狗齧人創～（痛）

第十四　金部——酉部

金部

0525 金

金

9

15 治～創

14 治～創腸出方

50 治～創内漏血

57 治千～膏藥方

84乙 千～不傳也

54 治～腸出方

52 治～創止慂方

0526 銅

銅

2

16 盛以～器

58 父且置～器中

0527 錢

錢

1

60 遺之中央大如～

勺部

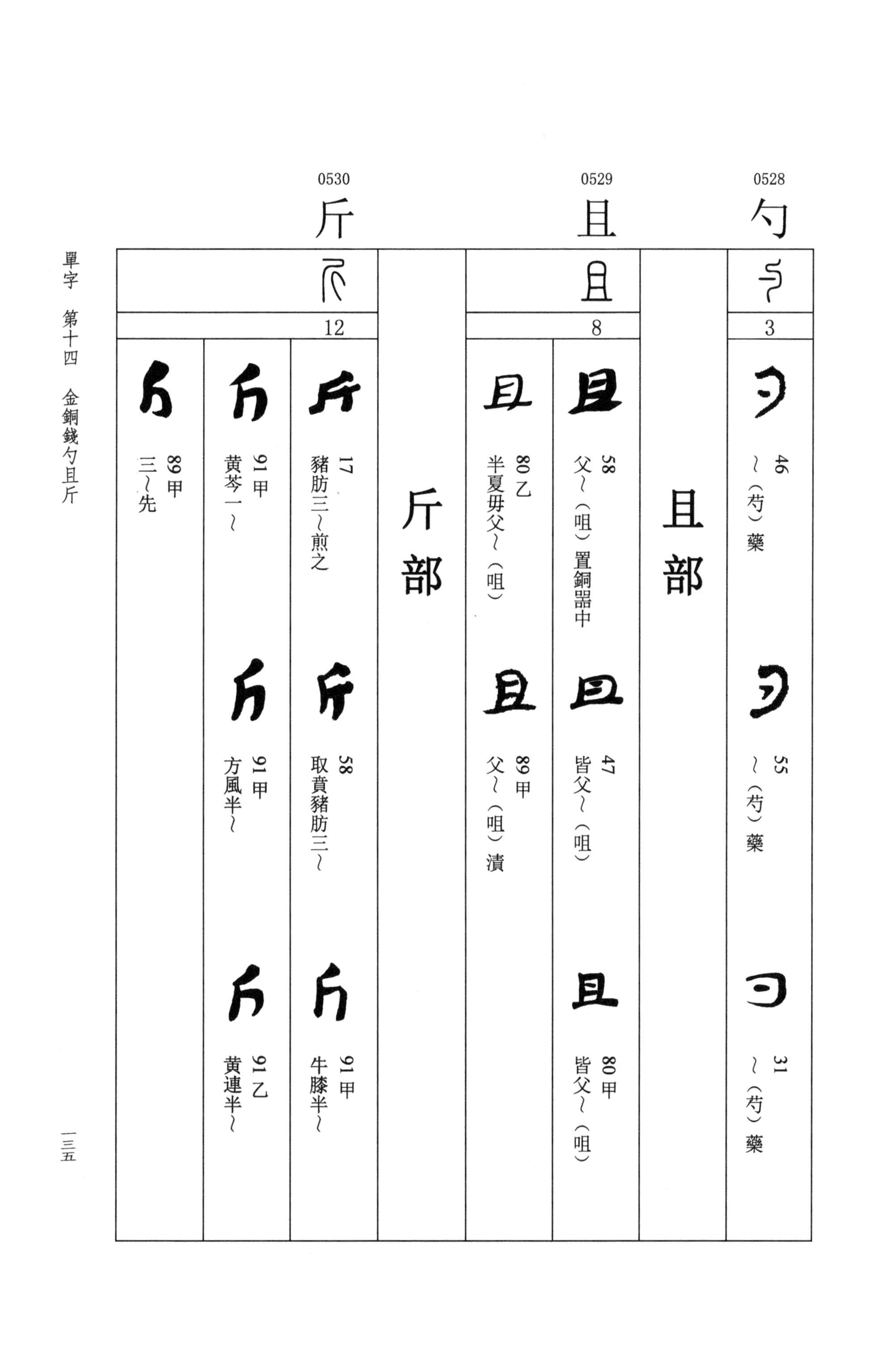

0528
勺

3

46 ～（芍）藥

55 ～（芍）藥

31 ～（芍）藥

且部

0529
且

8

58 父～（咀）置銅器中

47 皆父～（咀）

80甲 皆父～（咀）

80乙 半夏毋父～（咀）

89甲 父～（咀）漬

斤部

0530
斤

12

17 豬肪三～煎之

58 取賁豬肪三～

91甲 牛膝半～

91甲 黃芩一～

91甲 方風半～

91乙 黃連半～

89甲 三～先

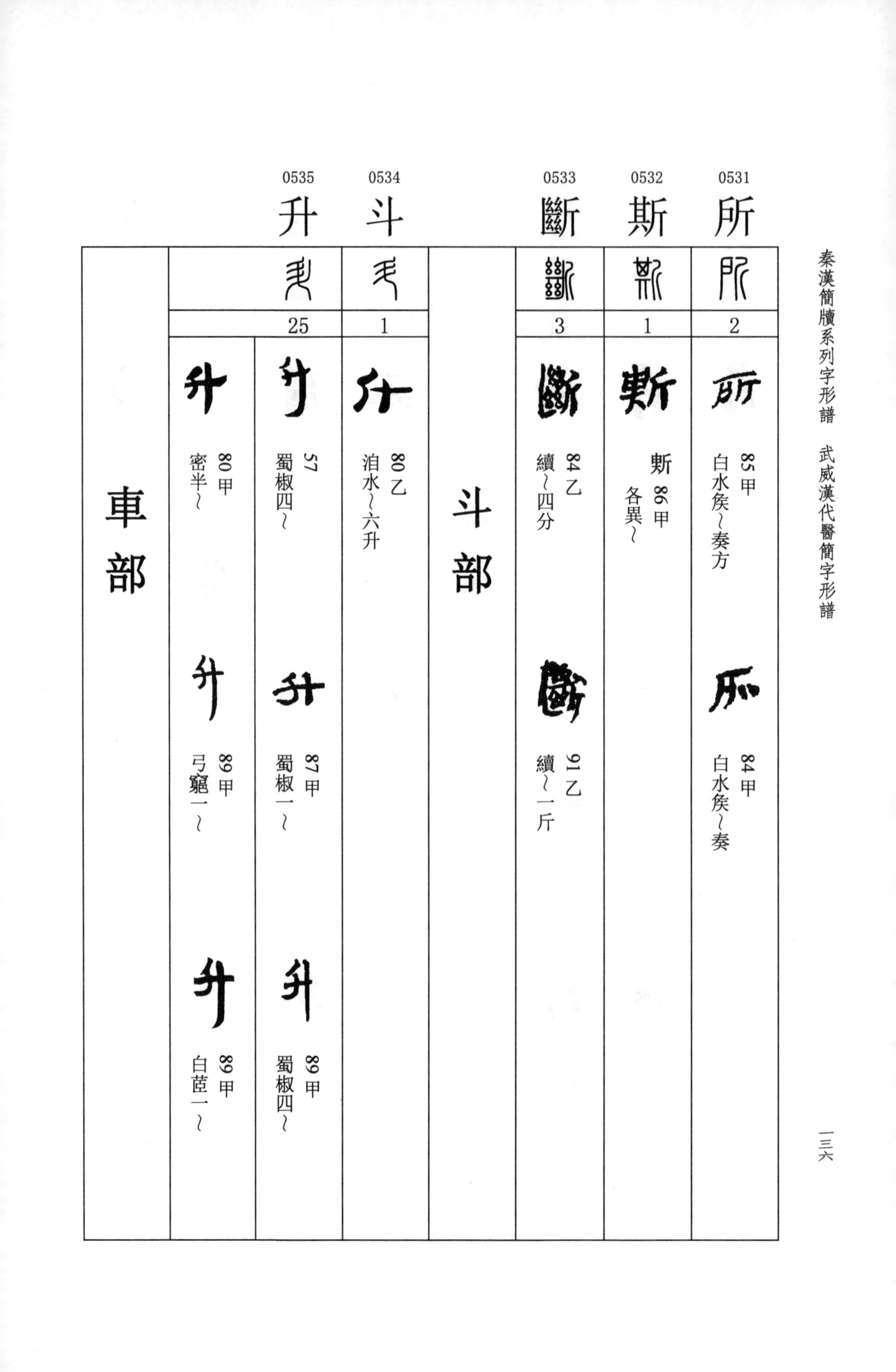

0531 所	0532 斯	0533 斷	斗部	0534 斗	0535 升
2	1	3		1	25
85甲 白水矦～奏方	斯 86甲 各異～	84乙 續～四分		80乙 洎水～六升	57 蜀椒四～
84甲 白水矦～奏		91乙 續～一斤			87甲 蜀椒一～
					89甲 蜀椒四～
					80甲 密半～
					89甲 弓窮一～
					89甲 白茝一～

車部

0536 輕

輕　1

85乙　～重時腹中悳

0537 軍

軍　3

92乙　大將～

92甲　小者爲大將～

84乙　建威耿將～方

0538 轉

轉　1

26　扁雍種上下左右～

0539 輸

輸　1

21　名曰肺～

自部

0540 官

官　1

92乙　百～盡

𠂤部

0541 陰

陰　7

84甲　令人～

84甲　一曰～寒

84甲　二曰～痠

85甲　一曰～寒

85甲　二曰～瘘

85甲　三曰～衰

0542
阬

3

49　索横木～（坑）上

49　人臥其～（坑）上

四部

0543
四

24

18　日三～與辛搗之

16　曾青～兩

47　桑卑肖十～枚

88乙　白茝～分

52　凡～物

57　蜀椒～升

83甲　禹餘量～分

82甲　黃連～分

89甲　凡～物

五部

0544
五

35

19　呼四～十乃出箴

6　凡～物

22　～日而死

91甲　直～十

47　漬以淳酒～升

84甲　～曰精少

48　橫～尺

91乙　河菣半斤直七十～

六部

0545

六

23

23　～日而死

42　苦參各～分

83甲　凡～物

84乙　凡～物

4　凡～物

79　凡～物

七部

0546

七

29

80甲　茈[菀]～束

35　～當大下

42　凡～物

47　凡～物

83甲　黃芩～分

82甲　凡～物

91甲 黄芩一斤直~十

九部

0547 九

7

23 ~日而死

56 凡~物

24 八十至~十者

83甲 餔吞~丸

内部

0548 禹

1

83甲 ~餘量四分

甲部

0549 甲

2

90甲 ~寅

90乙 ~午

乙部

0550

乙

1

90甲

～卯

0551

乾

7

11

～當歸二分

87甲

～當歸二兩

60

藥～復塗之

87乙

創～者和以膏傅之

65

摩之皆三～而止

63—64

咽～摩之

48

用白羊矢～之

戊部

0552

成

1

59

～（盛）以五分匕

己部

0553 己

1

90乙 見血止~

巴部

0554 巴

2

29 ~豆一分

69 ~豆各一分

辛部

0555 辛

7

77 細~各一兩

8 細~

55 細~

33 魚~

辛90甲 五辰~不可始久刺

子部

0556 子

18

17 付~廿果

42 付~各二分

57 付~卅果

59 先取雞~中黃者

71 付~一分

89甲 付~卅果

84甲 男~

84乙 終古毋~

寅部

0557 寅

1

90甲 甲~

卯部

0558 卯

1

90甲 甲寅乙~不可久刺

辰部

0559

辰

2

90甲　五～辛不可始久刺

90甲　五～不可飲藥

巳部

0560

巳

5

92甲　～〈已〉酉未下

28　飲食～（已）驗

61　～（已）有農者潰

25　年～（已）過百歲者

0561

㠯

46

以16　～春三月上旬治藥

29　合丸～密

51　～方寸匕一酒飲

73　老瘦者～人事感之

75　造炊～葦薪若桑

52　～方寸寸

82甲　合丸～密

79　嗚狀卌歲～上方

午部

0562 午

1

90乙 甲～

未部

0563 未

2

56 赤豆初生～臥者

92甲 酉～下

申部

0564 臾

3

91甲 山朱～二升半

91甲 朱～二升半

85乙 山朱～

酉部

0565 酉

1

92甲 ～未下

0566 酒

9

85甲 温～飲方寸匕一

13 温～飲一刀

36 ～飲一方寸匕

18 温～飲之

51 以方寸匕一～飲

47 漬以淳～五升

81 先餔飯～飲

84乙 ～大欒

0567 醇

1

71 以～醯漬

0568 醫

2

55 漬～不能治禁方

0569 酸

1

65 ～棗

0570 酢

1

52—53 ～漿飲之

合文

0001

日己

1

30 六十日知百~

筆畫序檢字表

一　本檢字表，供檢索《武威漢代醫簡字形譜》單字的所有字頭和字頭下的俗寫異體用，由此可檢閱到相關字頭下的全部内容。由於合文數量較少，故不再附於本檢字表中。

二　表中被檢字首先按筆畫排列，筆畫相同的字再按筆順（一、丨、丿、丶、乙）之序排列。

三　每一字頭之後是該字在字形譜中的字頭序號——四位阿拉伯數字或四位阿拉伯數字加「重」。例如：「甲　0549」表示「甲」的字頭序號爲「0549」。

四　鑒於有些字頭和字頭下的俗寫異體較爲生僻，爲便於檢索，本檢字表專門列出了與這些生僻字所對應的通行體，即通過檢索某一生僻字所對應的通行體，也可檢索到該生僻字。具體詳《凡例》第十四條。

一畫
一 0001
乙 0550
二畫
二 0508
十 0090
七 0546
八 0041
入 0205
人 0311
匕 0327
九 0547
刀 0167
乃 0181
力 0521
又 0106
三畫
三 0009
下 0006重
寸 0115
大 0398
上 0003重
小 0039
山 0363
千 0091
及 0109
久 0220
丸 0367
凡 0509
勺 0528
之 0250
弓 0488
己 0553
巳 0560
子 0556
也 0483
女 0474
四畫
天 0002
廿 0092
木 0221
五 0544
不 0456
止 0063
少 0040
曰 0180
日 0259
中 0013
内 0206
水 0417
牛 0047
手 0467
午 0562
升 0535
仁 0312
斤 0530
父 0108
分 0042
公 0045
月 0267
氏 0484
勿 0373
丹 0194
六 0545
方 0344
火 0389
为 0105
斗 0534
心 0403
刃 0463
尺 0342
巴 0554
以 0561
毋 0482
五畫
玉 0011
未 0563
功 0522
去 0190
甘 0178
丗 0093
古 0089
本 0230
术 0275重
可 0182
左 0177
右 0107
石 0368
平 0183
目 0123
旦 0265
且 0529
甲 0549
央 0214
兄 0345
㠯 0561
四 0543
生 0253
矢 0207
失 0471
付 0316
代 0319

白 0310	老 0340	肉 0148	次 0351	吾 0057	灸 0392
尘 0512	地 0510	年 0277	羊 0134	豆 0185	然 0392
令 0358	耳 0464	朱 0231	并 0330	酉 0565	辰 0559
用 0122	朴 0234	先 0346	米 0280	言 0094	肖 0160
卯 0558	再 0143	伏 0325	安 0285	辛 0555	時 0260
外 0271	在 0511	仲 0313	院 0542	冶 0451	即 0196
冬 0450	有 0269	自 0125	如 0479	忘 0409	君 0058
立 0402	百 0129	血 0191	糸 0493	沙 0435	牡 0048
玄 0144	而 0374	行 0083	七畫	見 0347	何 0314
半 0046	死 0146	合 0203	吞 0052	里 0516	作 0318
汁 0444	成 0552	旬 0361	赤 0396	足 0086	利 0168
出 0251	至 0457	名 0056	折 0031重	男 0520	忌 0410
奶 0481	此 0067	各 0060	志 0405	呂 0291	坐 0512
加 0523	光 0394	多 0272	芩 0023	初 0169	八畫
六畫	早 0261	亦 0399	杜 0224	良 0216	青 0195
圭 0514	虫 0500	庄 0297	更 0119	汧 0436	長 0371
卅 0093	同 0304	刑 0170	束 0254	身 0336	

以下按頁面排列（豎排，自右向左閱讀）：

兩0305	刾0170	事0113	臥0334	東0246	枚0235	林0247	杜0224	苔0174	直0486	若0029	茉0024	苦0019	取0110	其0176重	者0128	我0485
奭0564	侠0317	使0321	和0059	物0049	牡0048	知0210	呼0055	坐0512	易0376	門0461	昌0264	果0233	尚0458	到0458	剌0170	南0305
夜0270	病0295	狗0384	兔0500	鱼0500	昏0262	服0343	肥0164	肪0154	盼0165	肺0149	乳0149	采0455	金0525	舍0204	所0531	卑0112
空0293	官0540	治0428	沸0437	泞0445	泣0446	河0418	泄0425	泔0442	法0381重	炊0390	辛0555	座0300	病0295	卒0339	疝0297	府0365
故0117	草0033		茈0022	莢0026	甚0179	指0468	毒0014	春0035	奏0401	九畫	始0478	狀0385	居0341	建0082	房0460	肩0157重
便0320	肖0166	重0332	骨0147	咽0053	虵0507重	胃0151	背0155	皆0126	厚0215	威0477	戟0485	柱0237	柏0229	相0124	枯0236	胡0161

俠 0317
皇 0010
禹 0548
後 0080
食 0197
胕 0166
矦 0209
風 0506
急 0408
亭 0213
度 0111
座 0300
音 0098
帝 0004
寍 0505
美 0135
前 0064

逆 0072
洙 0427
活 0431
洎 0440
穿 0292
軍 0537
扁 0087
神 0007
怒 0411
畄 0518

十畫

秦 0279
班 0012
馬 0377
起 0062
垔 0512
耿 0465

茝 0018
莢 0026
莖 0025
莫 0038
莞 0020
桂 0223
桔 0225
桃 0222
根 0232
索 0252
連 0074
鬲 0102
夏 0219
逐 0077
冓 0064
時 0260
畢 0142

唅 0061
氣 0282
造 0070
倍 0323
射 0208重
息 0404
烏 0140
衃 0192
脈 0449重
脂 0163
狼 0387
留 0518
衰 0338
高 0212
庾 0301
病 0295
疾 0294

旁 0005
欬 0350
玆 0145
兩 0305
益 0188
朔 0268
酒 0566
消 0439
涓 0430
海 0429
浚 0441
容 0287
宰 0288
昏 0262
弱 0357
孫 0492
陰 0541

脅 0156
通 0073
能 0388
桑 0248

十一畫

毦 0372
菆 0034
菩 0035
菓 0036
乾 0551
梗 0228
梧 0226
栢 0240
麥 0217
頃 0328
盛 0186
常 0309

敗 0121
閉 0463
晦 0263
異 0099
蛇 0507重
過 0069
笞 0174
得 0081
從 0329
欲 0349
脛 0159
魚 0452
麻 0284
庳 0299
痿 0298
𤵸 0302重
海 0429
涑 0419
淳 0445
深 0423
梁 0243
寅 0557
宿 0289
窅 0292
密 0364
晝 0114
張 0489
將 0116
婦 0476
悤 0524重
參 0266重
細 0496
終 0497

十二畫

款 0348
項 0354
賁 0256
煮 0104重
壹 0400
惡 0412
斯 0532
黃 0519
畱 0518
菫 0017
葦 0032
椒 0249
椁 0238
椎 0241
棗 0273
酢 0570
雄 0133
量 0333
閒 0462
斯 0532
喉 0051
喙 0050
無 0487
稍 0278
等 0173
傅 0315
烏 0141
貸 0257
焦 0393重
復 0079
須 0356
逾 0071
爲 0105
創 0171重
飯 0199
飲 0352
病 0295
痙 0300
賁 0256
遂 0076
曾 0043
温 0420
滑 0432
溢 0187
寒 0290
粥 0103
漆 0443
絮 0499
發 0491
絶 0494

十三畫

魂 0362
遠 0078
鼓 0184
搗 0473
蒠 0412
蒲 0021
禁 0008
卻 0359
感 0414
歲 0066
當 0517
農 0101
嗌 0054
署 0307
置 0308
蜀 0502
與 0100

傶 0257
傳 0322
傷 0324
愈 0415
腸 0152
腹 0158
解 0172
痹 0299
痿 0298
瘀 0296
意 0406
雍 0132
煎 0391
煩 0355
塗 0515
溜 0424
溺 0421
慎 0407
塞 0513
辟 0360
嫁 0475

十四畫

橐 0255
薑 0016
輕 0536
酸 0569
鳴 0139
種 0274
鼻 0130
銅 0526
膊 0162
腼 0150
裹 0337
膏 0153
瘦 0301
養 0198
精 0281
榮 0227
漬 0438
湯 0448
塗 0515
漏 0447
漶 0416
實 0286
盡 0189
隨 0068

十五畫

撓 0470
撮 0469
赭 0397
熱 0395
薑 0016
橫 0245
樓 0238
醇 0567
鴈 0138
鳫 0138
豬 0375
齒 0084
數 0118
遺 0075
噐 0088
箴 0175
億 0326
樂 0242
徵 0331
餔 0201
餘 0202
飮 0352
膝 0359
腸 0152
魯 0127
諸 0096
調 0097
摩 0472
蓋 0505
潰 0434
彈 0490
彈 0490

十六畫

駱 0378
穀 0498
蕗 0037
薪 0030
薄 0027
輸 0539
橐 0255
頭 0353
醘 0187
器 0088
積 0276
錢 0527
獨 0386
謂 0095
磨 0370
瘳 0303
龍 0454
澤 0433

十七畫

聲 0466
臨 0335
嬰 0480

《説文》序檢字表

一　本檢字表，供檢索《武威漢代醫簡字形譜》單字的所有字頭和字頭下的俗寫異體用，由此可檢閲到相關字頭下的全部内容。由於合文數量較少，故不再附於本檢字表中。

二　表中被檢字見於《説文》者，按大徐本《説文》字序排列，分別部居；未見於《説文》者，按偏旁部首附於相應各部後。

三　每一字頭之後是該字在字形譜中的字頭序號——四位阿拉伯數字或四位阿拉伯數字加「重」。例如：「甲　0549」表示「甲」的字頭序號爲「0549」。

一部
一 0001
天 0002
丄部
上 0003重
帝 0004
旁 0005
下 0006重
示部
神 0007
禁 0008
三部
三 0009
王部
皇 0010
玉部
玉 0011

玨部
班 0012
丨部
中 0013
屮部
毒 0014
艸部
蘇 0015
薑 0016
薑 0016
薑 0016
葷 0017
苣 0018
苦 0019
莞 0020
蒲 0021
茈 0022

芩 0023
茱 0024
莖 0025
莢 0026
荚 0026
薄 0027
藥 0028
若 0029
薪 0030
折 0031重
葦 0032
草 0033
菆 0034
萅 0035
春 0035
菒 0036
蕗 0037

茻部
莫 0038
小部
小 0039
少 0040
八部
八 0041
分 0042
曾 0043
尚 0044
公 0045
半部
半 0046
牛部
牛 0047
牡 0048
牡 0048

物 0049
口部
喙 0050
喉 0051
吞 0052
咽 0053
嗌 0054
呼 0055
名 0056
吾 0057
君 0058
和 0059
各 0060
唅 0061
走部
起 0062
止部

止 0063
歬 0064
前 0064
歸 0065
步部
歲 0066
此部
此 0067
辵部
隨 0068
過 0069
造 0070
逾 0071
逆 0072
通 0073
連 0074
遺 0075

卒 0339
老部
老 0340
尸部
居 0341
尺部
尺 0342
舟部
服 0343
方部
方 0344
兄部
兄 0345
先部
先 0346
見部
見 0347

欠部
款 0348
欲 0349
欬 0350
次 0351
㱃部
歙 0352
飲 0352
頁部
頭 0353
項 0354
煩 0355
須部
須 0356
彡部
弱 0357
卩部

令 0358
卸 0359
膝 0359
辟部
辟 0360
勹部
旬 0361
鬼部
魂 0362
山部
山 0363
密 0364
广部
府 0365
廬 0366
丸部
丸 0367

石部
石 0368
礐 0369
磨 0370
長部
長 0371
镺 0372
勿部
勿 0373
而部
而 0374
豕部
豬 0375
易部
易 0376
馬部
馬 0377

駱 0378
驗 0379
驚 0380
廌部
法 0381重
鹿部
麋 0382
兔部
兔 0383
犬部
狗 0384
狀 0385
獨 0386
狼 0387
能部
能 0388
火部

火 0389
炊 0390
煎 0391
灸 0392
灸 0392
焦 0393重
光 0394
熱 0395
赤部
赤 0396
赭 0397
大部
大 0398
亦部
亦 0399
壹部
壹 0400

夲部
奏 0401
立部
立 0402
心部
心 0403
息 0404
志 0405
意 0406
慎 0407
急 0408
忘 0409
忌 0410
怒 0411
惡 0412
蒠 0412
濍 0413
感 0414
愈 0415
憑 0416
水部
水 0417
河 0418
涑 0419
温 0420
溺 0421
灌 0422
深 0423
溜 0424
泄 0425
濕 0426
洙 0427
治 0428
海 0429
海 0429
涓 0430
活 0431
滑 0432
澤 0433
潰 0434
沙 0435
汻 0436
沸 0437
漬 0438
消 0439
洎 0440
浚 0441
泔 0442
滌 0443
汁 0444
淳 0445
涥 0445
泣 0446
漏 0447
湯 0448
𠂢部
脈 0449重
仌部
冬 0450
冶 0451
魚部
魚 0452
鮮 0453
龍部
龍 0454
乙部
乳 0455
不部
不 0456
至部
至 0457
到 0458
鹽部
鹽 0459
鹽 0459
戶部
房 0460
門部
門 0461
間 0462
閉 0463
刃 0463
耳部
耳 0464
耿 0465
聲 0466
手部
手 0467
指 0468
撮 0469
撓 0470
失 0471
摩 0472
搗 0473
女部
女 0474
嫁 0475
婦 0476
威 0477
始 0478
如 0479
嬰 0480

分譜之十五

東牌樓漢簡字形譜

説明

一　本字形譜所收之字源自文物出版社二〇〇六年四月出版的《長沙東牌樓東漢簡牘》，該書收有字簡牘二百零六枚（包括殘簡）。

二　字頭共有單字六百三十二個（没有合文）。

三　辭例所標出處悉依《長沙東牌樓東漢簡牘》：數字表示簡號，例如：「127」指長沙東牌樓古井中出土的第127號竹簡；「正」「背」分别表示簡牘的正面和背面；若該牘有數行文字，則在簡號后表示出其行第，例如：「3背・4」指第3號牘背面的第4列。

單字

第一 一部——艸部

一部

0001 一

23

3正·4 二月廿~日

7·6 ~所昏

49正·1 ~日不悉

0002 元

2

65正·2 不悉~

58背 善~=不忽

0003 吏

11

5·3 部~

12·2 ~如舊

12·2 見職~各便歸家

95·2 故~鄧邳再拜

146·2 郡縣小~

44·2 既亦求爲騎~

上部

0004 重

上

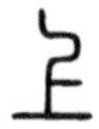

11

146·3 若無臣～

5·7 以～广二石種

37正·2 ～下

36背·4 來信步～未得

3背·4 ～下皆見知

12·1 令臣肅～言

15背·1 并蜜其～

0005 重

下

17

55背·3 公以～府縣中

5·2 當爲百二～石

58正 ～到縣

62正·1 適～意

3背·4 上～皆見知

7·3 亭北五里～留飲水

32正·3 冀～見乃迷

94背 門～功曹史

49正·1 會歲～

48正·1 歸命～流

示部

0006 示

示

3

17背·2 得書□～

50正·1 昨～悉

0007 禄

祿

2

44·1 屬求悉～

48正·1 虛竊榮～

0008 神

神

1

15背·2 念留～欲及也

0009 禁

禁

1

48背·1 ～制

三部

0010 三

三

8

5·2 母姃有田十～石

5·2 前置～歲

3正·5 中平～年

100正 中平～年

82·2 中筭～事

71正·3 二～子

36背·4 曹取~六月

王部

0011 王

3

113·2 ~趙萬九千

120 ~烈

0012 皇

1

5·2 持喪堊~宗

玉部

0013 玉

1

117背·1 肥陽~角

丨部

0014 中

24

3背·2 玄不處年~

55背·3 十月~

38背·1 ~部亭長

中

- 5·5　前不處年～
- 3正·5　～平三年
- 7·6　山～
- 31正　～郎將至
- 56正　予公～未得出也
- 70正·2　～部賊捕掾考
- 70正·2　北里～宅
- 66正·1　汝子時=～□到未

屮部

0015 屯　1

- 17背·2　故～叩頭死罪

艸部

0016 蘭　3

- 7·3　長～亭北
- 7·4　～亭長張姓

0017 葌　1

- 110·1　～[席]一束

編號	字頭	數量	用例
0018	菅	1	110·1 ～一寵
0019	蔣	1	110·1 ～十五枚
0020	荊	1	12·1 ～南頻遇軍寇
0021	蔡	6	43背·2 ～沄白；37背·2 ～主簿前；33正·1 ～主簿得幸
0022	若	8	146·3 有～無；31背 不得留[難]～□；28正·2 狀～
0023	蒙	3	12·1 翼～赦令；159·2 之加恩～不
0024	范	1	104背·1 ～通本[事]；48背·2 遺功曹史～弼奉
0025	草	4	7·3 何人從～；40背·2 前～次表書；145正·2 謝冠～

0026
葱

3

64
付~〃易悉

34正・2
陳主簿侍前〃日~〃

0027
蒭

1

蒭 12・1
租~法賦

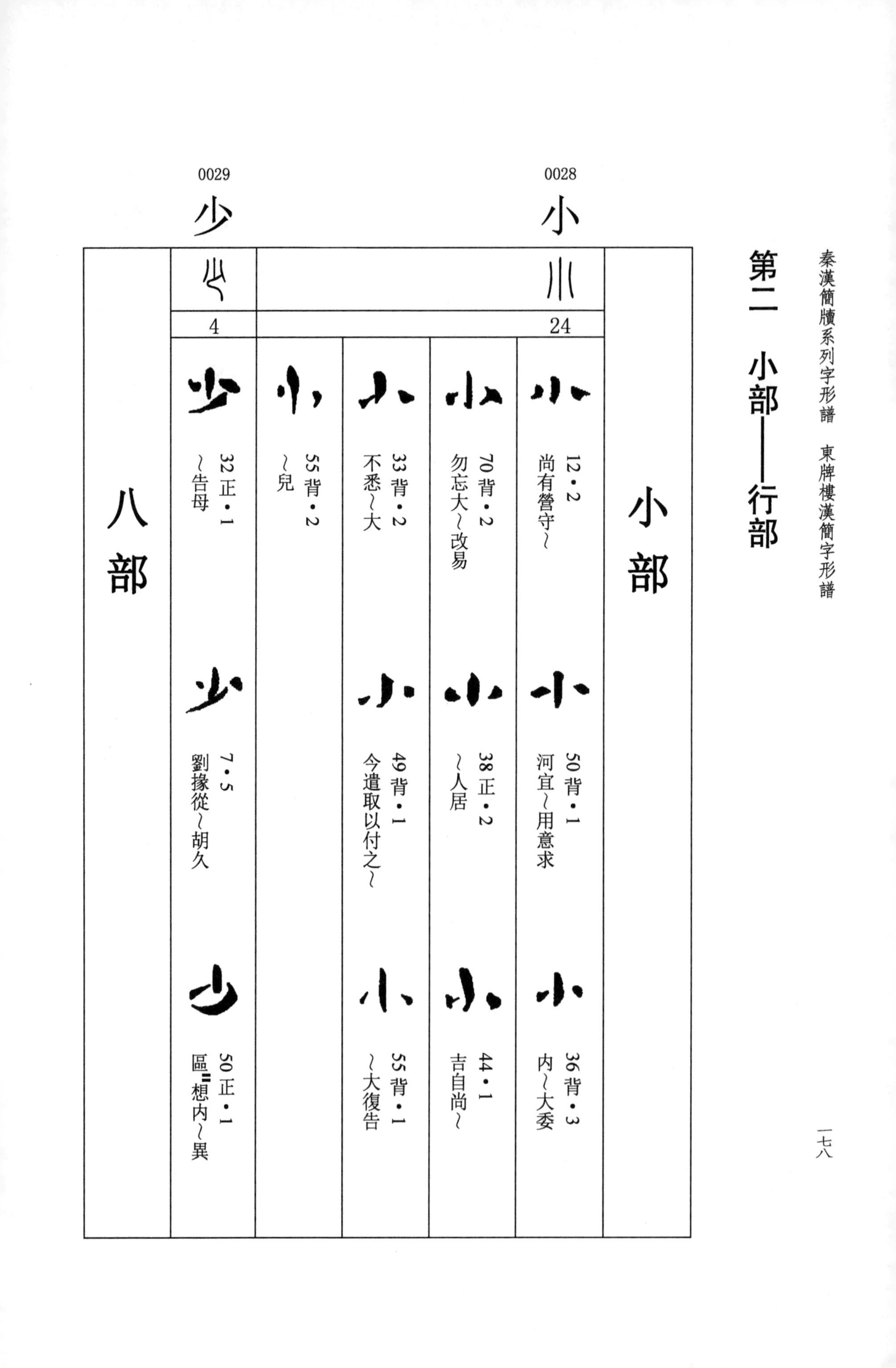

第二　小部——行部

小部

0028

小

24

12・2 尚有營守~

50背・1 河宜~用意求

36背・3 內~大委

70背・2 勿忘大~改易

38正・2 ~人居

44・1 吉自尚~

33背・2 不悉~大

49背・1 今遣取以付之~

55背・1 ~大復告

55背・2 ~兒

0029

少

4

32正・1 ~告母

7・5 劉掾從~胡久

50正・1 區〓想內~異

八部

0030 八　4

84·2 戊月～

5·6 田～石種

5·3 强奪取田～石

120 月十～日被徵

0031 分　7

5·7 俱爲口～田

5·8 當～稅張建昔等

68正·1 是～了

35背·1 推昔～別縲磨

43背·1 ～別受告

0032 曾　1

56背·1 租～也

0033 尚　3

12·2 連道～有營守

44·1 吉自～小

0034 公　8

56正·1 予～中未得出

55背·3 悉覽～以下府縣中

35背·3 賤子習逸～

56背·3 予～

0035
必
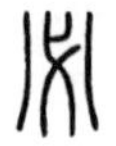
2

133
所勑盡力思～交稱

采部

0036
悉

18

65正・2
不～元異

49正・1
一日不～

66正・1
經世不～飭

43正・1
書不～

半部

0037
半

2

3背・3
無～言之助

牛部

0038
牛

1

78正・1
～者趙周

0039 物

5

- 5·6 後[娫]復~故
- 143·2 [息]老~

告部

0040 告

12

- 62背·3 當有~語不
- 50背·2 還具~
- 43背·1 分別受~
- 32正·1 少~母
- 49背·2 大内勑~
- 70背·2 數~景
- 55背·1 小大復~
- 30背·4 □屬財復~
- 52正·1 知~武叔

口部

0041 名

7

- 43背·1 張景~爲采安
- 43正·1 送□案解人~
- 143正·2 ~朝東谷

0042 吾

8

- 55背·1 ~復來視之
- 69正·2 須得月直耳~
- 54背·3 ~

0043 君

14

28背·2 建寧～

50正·2 ～旦詣府門

28背·3 ～植竹木

48背·2 ～誠惶誠恐

52正·1 ～子所共

0044 命

5

35背·3 將～冀見

34正·1 爲～今日

30背·4 附表～

48正·1 歸～下流

0045 問

9

7·2 不得實～

5·4 考～張昔

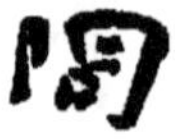

70背·1 傳曹史～

0046 唯

2

29背·3 ～爲作便安

0047 和

5

5·10 自相～從書

5·8 自相～從

2·4 光～六年

85背 子光～

0048 吉	0049 周	0050 唐	0051 各	0052 哀	0053 新 喚	0054 叩
3	7	3	4	2	1	17
160背・2 ~本	2・2 勸農郵亭掾~安言事	3背・3 遭遇賊~	12・2 ~便歸家	146・1 左左伯[桃]~[物]	12・2 召~不可	5・4 ~頭叩頭死罪死罪
44・1 ~自尚小	24・1 府卿侍閣~	47 ~頓首白	65背・1 ~左右責			5・4 叩頭~頭死罪死罪
	153背・1 鄧~					5・4 ~頭叩頭死罪死罪
						45・1 羌~頭
						5・1 ~頭死罪敢言之

0055 另

1

15正・2 ～[約]月暑

叩部

0056 單

1

32正・2 家～

走部

0057 起

9

154正・2 驛子～掾掾

35正・3 ～居官舍

60背 ～居

0058 趙

3

113・2 王～萬九千

78正・1 牛者～周

止部

0059 止

4

65背・2 得～悔

21背 輒於～野暘

0060

歬

26

前 3背·1

掾馬玄～

5·5

～不處年中

63正·1

～日所持

70正·1

又～通檄

39正·2

進侍～勤勞

35正·2

督郵侍～

34正·2

陳主簿侍～

55正·1

樵母～日得

35背·2

無緣自～

0061

歸

3

12·2

見職吏各便～家

48正·1

～命下流

步部

0062

步

1

36背·4

來信～上未得

0063

歲

3

49正·1

會～下

此部

0064
此

此

6

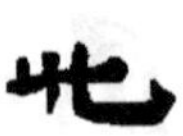
146・3
檢御如～

49背・1
有至～來求

55背・1
毛有～言

正部

0065
正

正

2

5・4
～處言

是部

0066
是

是

2

15背・1
～[報]才□爲書之

辵部

0067
邁

邁

1

35正・2
易～忽爾

編號	字頭	篆文	數	字例一	出處	字例二	出處
0068 重	征		1		48正・3 侍□～討		
0069	隨		4		118正 相與～嫁事		7・5 驛卒番鍾～踵
0070	遵		1		35正・3 ～貴		
0071	進		3		39正・2 ～侍前		7・4 輿～雄
0072	遇		3		12・1 荊南頻～軍寇		3背・3 遭～賊
0073	遭		1		3背・3 ～遇賊		
0074	通		4		70正・1 又前～檄		104背・1 范～本事
0075	還		9		5・3 張昔不～田		69正・1 汝當～我錢

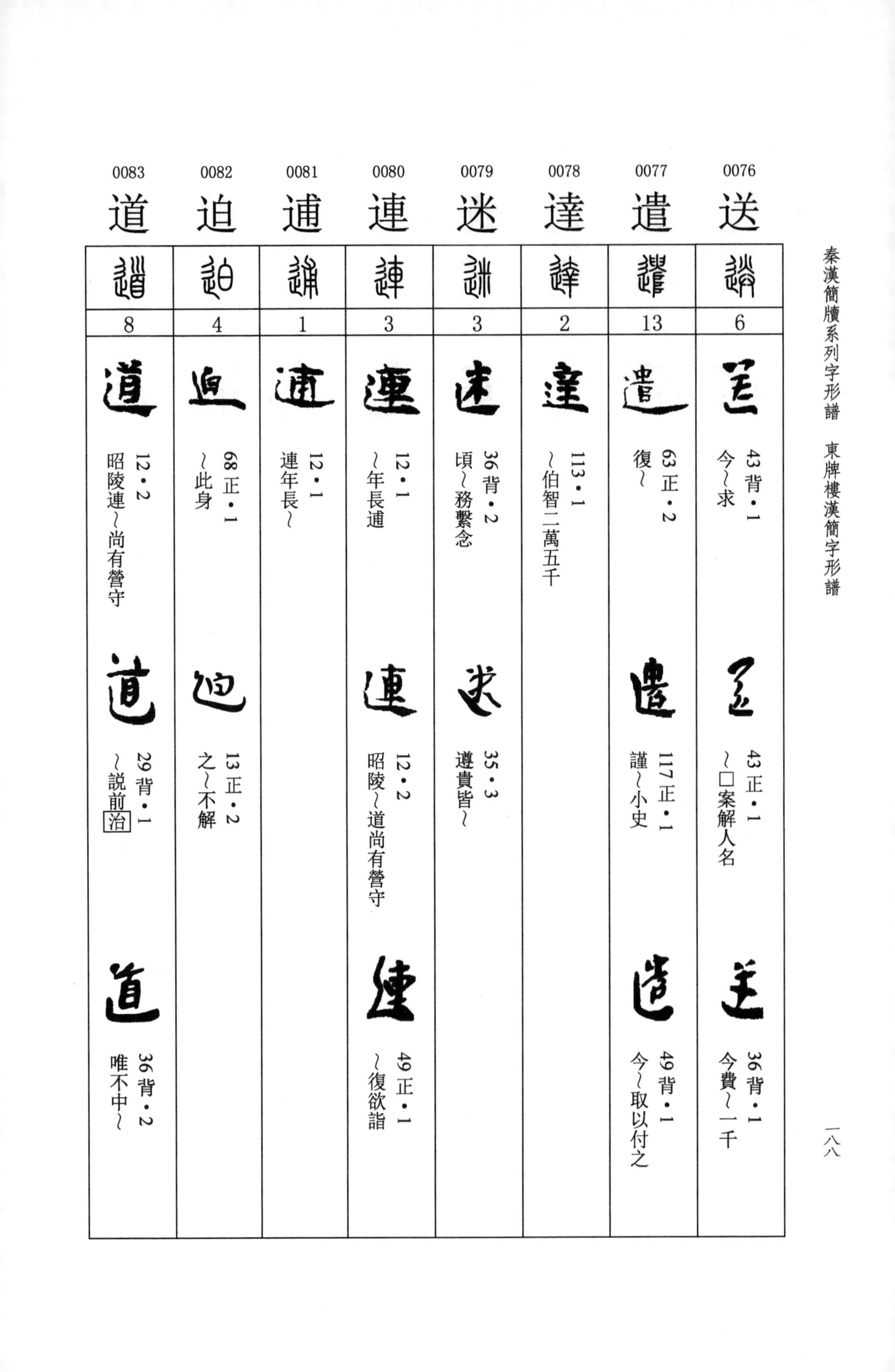

0076 送
6

- 43背・1　今～求
- 43正・1　～□案解人名
- 36背・1　今費～一千

0077 遣
13

- 63正・2　復～
- 117正・1　謹～小史
- 49背・1　今～取以付之

0078 達
2

- 113・1　～伯智二萬五千

0079 迷
3

- 36背・2　頃～務繫念
- 35・3　遵貴皆～

0080 連
3

- 12・1　～年長逋
- 12・2　昭陵～道尚有營守
- 49正・1　～復欲詣

0081 逋
1

- 12・1　連年長～

0082 迫
4

- 68正・1　～此身
- 13正・2　之～不解

0083 道
8

- 12・2　昭陵連～尚有營守
- 29背・1　～說前[治]
- 36背・2　唯不中～

0084 逨

2

30背・2
忽亡世往～探問

彳部

0085 徑

2

5・4
～到仇重亭部

29背・2
持府中～用

0086 復

21

35正・3
不～相見

68背
他～設是

12・2
不宜～除

12・2
召喚不可～致

49正・1
連～欲詣

49正・2
頃～他異

55背・1
小大～告

51背・2
要言不～

52正・2
小大～

0087 往

9

55正・2
斷絶～來

30背・2
～逨探問

39背
昔～時爲客

0088 待

1

118正
～持本相與隨嫁事

0089 後

後（篆）　4

- 5·6 ~[延]復物故
- 36背 怪也~月

0090 得

得（篆）　31

- 63正·2 ~累=復遣
- 7·2 不~實問
- 65背·2 能可~
- 69正·2 須~月直耳
- 52正·1 ~書
- 31背 不~留[難]
- 51背·1 累峻不~到出
- 44·2 云衆白爲~

0091 御

御（篆）　1

- 146·3 檢~如此

廴部

0092 建

建（篆）　15

- 28背·2 ~寧君
- 5·10 大男李~
- 5·2 大男李~
- 5·3 何緣强奪~田
- 4背 ~[寧]
- 5·8 當分稅張~昔等

行部

0093

行

5

1·1
桂陽大守~丞事

1·2
丞掾驛馬~

第三　㗊部——爻部

㗊部

0094 器

（篆）

1

器 19·2 樂～什物

句部

0095 拘

（篆）

1

146·3 不～慮度

十部

0096 十

（篆）

22

21正·1 ～餘人至

5·2 有田～三石

121 正月～五日

55背·3 許～月中

77正·2 會～二月廿日

56正 ～月廿二日

（十，續）

77正・4
會～二月

77背・3
會～二月

100背
～月當還

36背・3
後月～閒

120
月～八日被徵

110・1
蔣～五枚

0097 千

6

113・1
達伯智二萬五～

30背・5
～萬

36背・2
今費送一～

6・5
錢二～

113・2
王趙萬九～

0098 廿

廿

17

111・2
～枚

77正・3
會其月～四

77正・4
十二月～二日

56正
十月～二日

117正・1
～二乙卯

77正・2
會十二月～日

117背・2
六月～二日

76・1
會月～四日

66背・2
所云～四案式

卅部

0099

卅

卅

3

卅 79·1
~九筭卒篤夆

81
~筭卒

0100

世

世

2

66正·1
經~不悉餝

言部

0101

言

言

51

2·2
周安~事

3背·3
無半~之助

5·2
自~

5·3
民自~

5·4
正處~

5·8
續解復~

5·9
死罪敢~之

12·1
臨湘守令臣肅上~

58背
恨語~

46正·3
[愁]可~又書

55正·2
聞~

15正·3
許~者在求

	0102	0103	0104	0105	0106	0107	0108
	語	許	諸	詳	訊	信	誠

	6	2	3	7	2	7	5
 120 卻～孤絶	 58背 恨～言	 55背・3 ～十月中	 63正・1 人～	 3背・1 ～死罪白	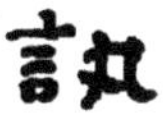 5・4 ～建父升辭	 36背・4 來～步上未得	 5・8 何～惶
	 62背・3 當有告～不	 15正・3 ～言者	 30背 千萬～	 29正・1 意～	 3背・2 □～辭	 68正 明日當令～上	 48背・2 君誠惶～恐
	 29背・3 異～			 3背・4 ～爲			

0109	0110	0111	0112	0113	0114		0115
課	説	記	謝	諍	詣		證
1	1	3	11	1	10		2
12·1 督～鄉	29背·1 道～前治	104正·1 府～依	145背·2 ～蔡如白事	5·10 ～田自相和從書	2·3 ～如署	6·3 精人兵～	5·4 明附～驗
		122 書掾袁嘉前～	49背·3 ～孝達		50正·3 獨迫君旦～府門		
			51背·3 ～婦峻叩頭拜		49正·1 連復欲～		

0116
誰
誰
2

54背·2
~何

言部

0117 重
善
善
6

35背·1
安~

58背
~元〻不忽

149正·1
~憙

音部

0118
竟
竟
3

70背·1
~其

70背·2
~爲數催

丵部

0119 重
對
對
10

77正·3
土曹當~

78正·2
鄧甫~鬪

収部

0120 奉

3

5·4
頭叩頭死罪死罪～

48背·2
遣功曹史範弼～

0121 丞

3

1·1
行～事

1·2
～掾驛馬行

0122 戒

2

93
兼門下功曹史何～

0123 兵

2

6·3
力精人～詣

0124 具

6

50背·2
還～告

45·1
～書

30背·4
不～

共部

0125 共

3

52正·1
君子所～

3背·1
馬玄前～安定亭令詳

異部

0126 異

8

50正・1 區〃想內少～

49正・2 頃復他～

70正・1 煩內代為改～

舁部

0127 與

7

5・10 李建～精張諍田

32背・2 非[可]～語也

118正 本相～隨嫁事

0128 興

2

154背・3 ～□

64正・2 及火～

臼部

0129 重 要

1

要 51背・2 ～言不復至

晨部

0130 **農**

3

農 2·2 東部勸～郵亭掾

爪部

0131 **爲**

35

5·7 首核張～宗弟

72正 □持～言

为 15背·1 ～書之

44·2 云衆白～得

44·2 既亦求～騎吏

3背·4 詳～[劇]願

70正·1 煩内他～改異

43背·1 張景名～采安

52正·2 ～受

39背·1 昔往時～客

51背·1 [難]～思

15正·3 史令人～書

又部

0132 又

16

67正·1
言～

34背·1
～言前令

62背·3
～□

158·3
～□

49正·2
～馬布

46正·3
可言～書

70正·1
～前通檄

55正·2
～有

0133 右

12

108正·1
～爲鄉

65背·1
各左～責

70背·1
事屬～辭曹

0134 父

1

5·4
訊建～升辭

0135 尹

1

30背·1
大夫從～主簿相求賞

0136 及

3

64正·2
～火興求

15背·2
留神欲～也

0137

取

11

5・5
~張同産兄宗女娗

5・3
今强奪~田八石

6・2
子默盗~文書

49背・1
今遣~以付之

0138

度

3

88正
~上丘郭

146・3
不拘慮~

史部

0139

史

18

75背
皆官~李

93
功曹~何戒

78正・1
津~唐存

78正・1
捕盜~黄敷

91・2
獄~

70背・1
傳曹~問

94背
功曹~邵弘

15正・3
在求~令

0140

事

24

70背・1
~屬右辭曹

118正
與隨嫁~

2・2
周安言~

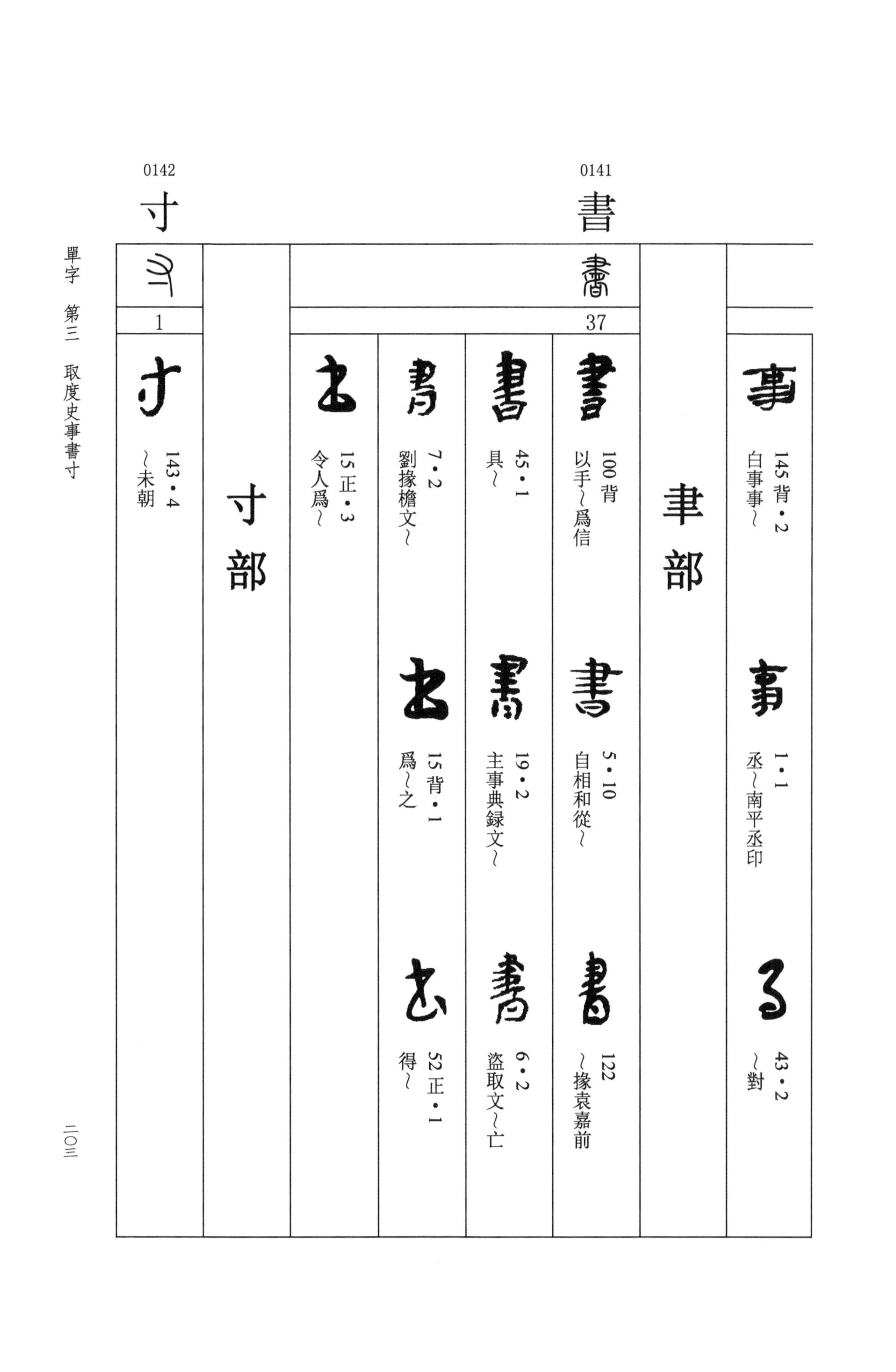

145背・2
白事事～

1・1
丞～南平丞印

43・2
～對

聿部

0141
書
37

100背
以手～爲信

5・10
自相和從～

122
～掾袁嘉前

45・1
具～

19・2
主事典録文～

6・2
盜取文～亡

7・2
劉掾檜文～

15背・1
爲～之

52正・1
得～

15正・3
令人爲～

寸部

0142
寸
1

143・4
～未朝

0143 將

6

35背·3
～命冀見

31正
中郎～至

攴部

0144 故

13

95·2
～吏鄧邳

5·6
復物～

5·6
～喪尸在堂

17背·2
～屯叩頭死罪

55背·3
～悉覽

0145 敷

1

78正·1
捕盜史黄～

0146 數

4

35背·1
不～承

70背·2
～告景

0147 改

2

70正·1
他爲～異

0148 敵

1

5·7
建爲婬～（適）男

0149
赦

2

12·2
今雖有～令

12·1
翼蒙～令

0150
寇

2

12·1
荊南頻遇軍～

教部

0151
教

3

62正·1
～留內不出

16正·2
節長～

用部

0152
用

4

50背·1
河宜小～意求

29背·2
持府中徑～

0153
甫

1

78正·2
鄧～對鬬

㸚部

0154
爾

1

尒 35正·2
易邁忽～

第四　目部——角部

目部

0155 相

27

相　149正・2　常～念不憙

相　5・10　自～和從書

相　5・8　自～和從

相　149正・2　不相常～念平

相　30背・3　丘山當～爲

相　32正・1　怒力～[事]

相　55正・1　頃不～見

0156 督

10

督　35正・2　～郵侍前

督　5・10　～盜賊殷何言

督　5・1　～盜賊殷何

眉部

0157 眉

5

眉　147正・2　～眉

眉　147正・2　眉～

0158
省

2

33背·1
宜復思～

自部

0159
自

16

5·3
民～言

5·2
李建～言

5·7
張建～俱

5·8
～相和從

9背
輒～

12·2
故～今雖有

35背·2
無緣～前

44·1
吉～尚小

白部

0160
皆

6

3背·4
上下～見知

78正·3
～

35正·3
遵貴～悉

0161
者

14

60背·2
～起居

78正·1
牛～趙周

40背·2
相益～可慙

15正・3　許言～

0162 𥏼　1

智 113・1　達伯～二萬五千

習部

0163 百　5

5・2　當爲～二下石

36背・2　禮二～雞一雙

0164 習　2

35背・3　賤子～逸

隹部

0165 雇　1

130　～東津卒五人

0166 雄　2

6・3　文楳～弗力

7・4　輿進～

奞部

0167 奪

2

5・3 ~取田八石

雈部

0168 舊

1

12・2 吏如~

羊部

0169 羊

1

146・1 差~角哀

0170 羌

2

45・1 ~叩頭

0171 羑

1

146・3 ~義

雔部

0172
雙

2

110・2
[一]～

鳥部

0173 重
難

2

難 133
～付所勑

冓部

0174
再

14

35正・1
頓首～拜

34正・1
堂～拜

40正・1
鄧應～拜白

叀部

0175
惠

2

76・1
收土受賞～

玄部

0176
玄

3

3背・2
~不處年中

3背・1
掾馬~前

予部

0177
予

4

56正・1
~公中未得出

13正・2
~臾數相

受部

0178
受

4

43背・1
分別~告

2正・2
得爲~平來

0179 重
殹

7

敢 5・9
死罪~言之
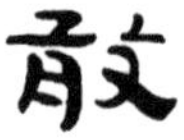
5・1
叩頭死罪~言之

6・1
死罪~言之

死部

0180 死 (24)

- 5·9 ～罪死罪敢言之
- 5·1 叩頭～罪敢言之
- 5·4 叩頭～罪
- 5·9 死罪～罪敢言之
- 3背·1 詳～罪白

歺部

0181 别 (8)

- 72背 子委昨～
- 50正·1 ～念想
- 35正·2 ～鬲易邁

肉部

0182 肪 (1)

- 112·2 豬～十斤

0183 胡 (5)

- 47背·3 ～□今當度
- 7·5 劉掾從少～久

0184 肥 (1)

- 117背·1 ～陽玉角

刀部

0185 刀

1

6・5 大～一口

0186 列

2

48正・2 汙穢滋～

0187 制

1

48背・1 禁～抱情

角部

0188 角

2

117背・1 肥陽玉～

146・1 羊～哀

0189 解

4

5・8 續～復言

13正・2 之迫不～知

50正・2 審久人果～未

43正・1 案～人名

第五 竹部——夂部

竹部

0190	0191	0192	0193	0194	0195
節	等	筍	答	筴	簿

2	2	1	1	1	8
 119 沅鸞～業	 5・8 張建昔～	 24・2 奴衣～印封完	 133 ～辭氣	 筴 19・2 文書科～	 30背・1 主～相求賞  37背・2 蔡主～前  33正・2 蔡主～得幸

箕部

0196 重

其

10

55正·2 不知奈～何

55正·1 防～餘者耳

66背·2 ～

丌部

0197

典

1

19·2 主事～録文書

0198

畀

2

5·4 所～付彈處

5·7 下六石悉～還建

左部

0199

左

8

146·1 ～左伯

146·1 左～伯

104正·1 ～府記依

65背·1 各～右責

104背·2 ～倉曹

0200
差

3

146・1
～羊角哀

55正・2
聞言頗～

工部

0201
式

1

66背・2
廿四案～

甘部

0202
甚

6

60背・2
喜幸～

35背・1
幸〓～〓

66正・1
幸～〓〓

曰部

0203
曰

3

5・2
所檄～

20背
吏□□□□□□～

0204
曹

35

104正・2
～科傳輸

104背・2
左倉～

曹 94背
門下功~史

154正·2
中賊曹~掾

93
功~史何戒

70背·1
事屬右辭~

3背·3
~掾

乃部

0205
乃

8

49背·2
~盡愚趣

35背·3
~得

42正
~公

丂部

0206
寧

4

50正·2
詣府門~

28背·2
建~君

可部

0207
可

11

65背·2
能~得

70背·2
見在立~

46正·3
~言又書

12·2　不~復致

40背·2　相益者~塹

兮部

0208 乎

1

68正·1　酒可道~

亏部

0209 亏

2

于

110·2　平~一枚

110·3　大酒~一枚

0210 虧

2

12·1　云當~除

0211 平

11

1·1　南~丞印

110·2　一枚~于

3正·5　中~三年

100正　中~三年二月

3背·2　本與玄有不~

52正·2　~來取之

喜部

0212 喜

2

60背·2 安寧驩~

0213 憙

2

149正·1 善~

壴部

0214 嘉

2

123 ~豚白

皿部

0215 益

1

40背·2 相~者可慙

0216 盡

6

50背·2 書不~言

49背·2 乃~愚趣

133 ~力思必交

去部

0217

去

2

55背·2

婦已～

、部

0218

主

20

149背·2

粟倠時～布夫

34正·2

陳～簿侍前

149背·1

～在布鹿竹

8·1

兼～録掾

117背·1

人～傷心

19·2

～事典録文書

77背·1

遣～簿

46正·2

言有～心

138

～掾君

154背·2

臨湘令～

77正·5

遣～者

皀部

0219 既

既（4）

- 49背·2 ～緣休使
- 44·1 ～加
- 44·2 ～亦求爲騎吏

食部

0220 食

食（6）

- 30正·3 漢～皆悉
- 117背·1 ～易得

0221 餘

餘（3）

- 5·6 有～財
- 36背·2 必遣送～

亼部

0222 合

合（1）

- 55背·2 ～作

0223 今

今（15）

- 12·2 故自～雖有赦令
- 5·3 張昔～强奪取
- 150正·1 ～何不誠掾

34正·1
爲命~日

49背·1
~遣取以付之

69背·2
~[慕]之

43背·1
~送求

0224
舍

4

35正·3
起居官~

63背
又~以得

會部

0225
會

12

30背·1
近~聞大夫

49正·1
~歲下

76·1
~月廿四日

倉部

0226
倉

8

104正·3
~徒

105正
中~券也

50背·1
又在~面報云

12·1
~空無米

104背·2
左~曹

入部

0227 入

3

12・1
民不輸～

16背・1
但不～□如

0228 内

9

50正・1
區=想～少異

70正・1
煩～他爲改異

36背・3
～小大委

68背
賊曹子任煩～

49背・2
大～勑告

矢部

0229 矢

2

12・2
弩委～

30背・3
自～夫丘山

0230 知

12

55正・2
不～奈其何

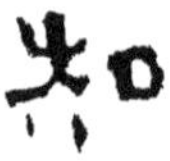

57背・3
～以久誰

3背・4
上下皆見～

高部

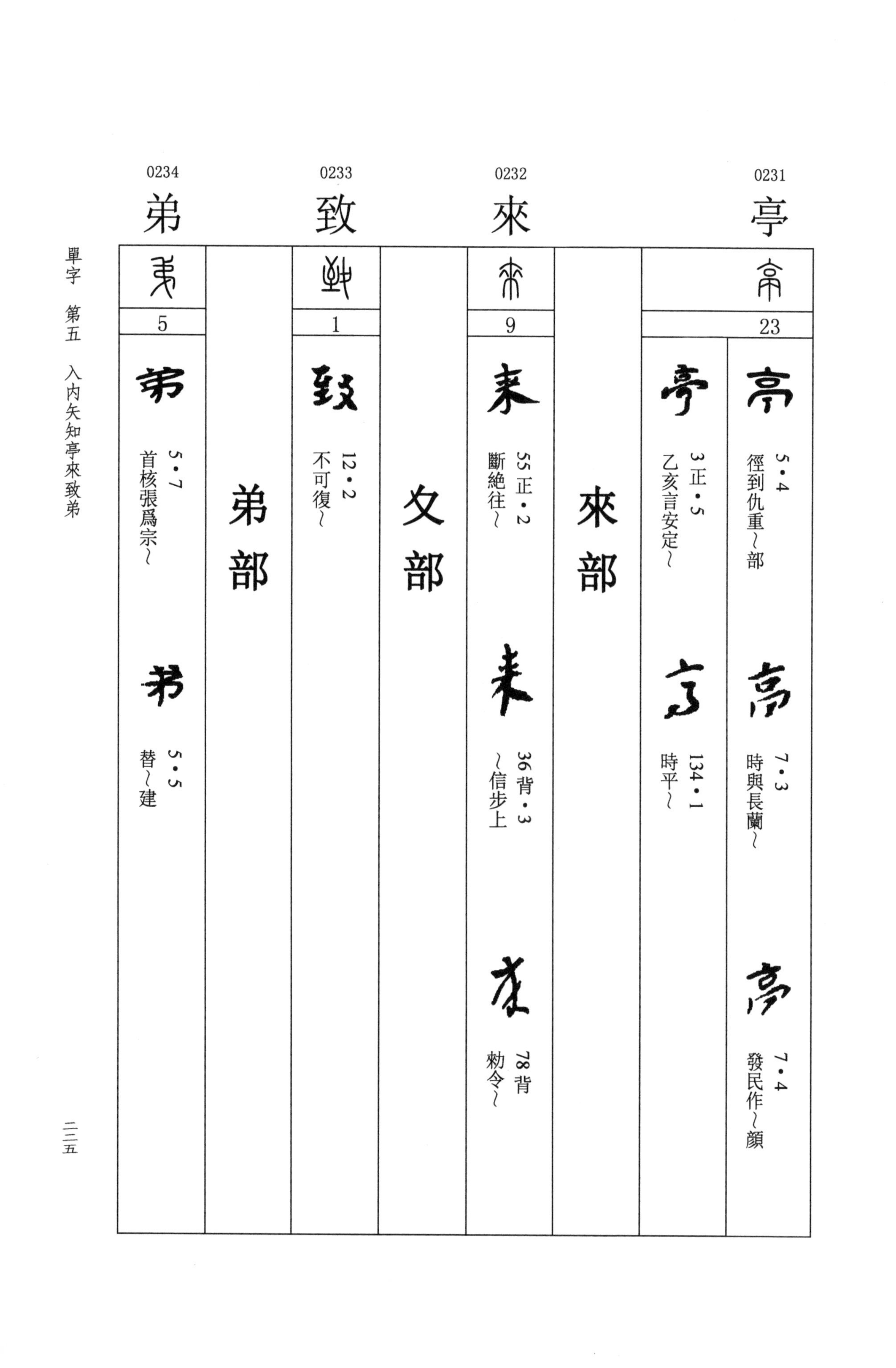

0231 亭

23

5·4 徑到仇重～部

7·3 時與長蘭～

7·4 發民作～顏

3正·5 乙亥言安定～

134·1 時平～

來部

0232 來

9

55正·2 斷絕往～

36背·3 ～信步上

78背 勑令～

夊部

0233 致

1

12·2 不可復～

弟部

0234 弟

5

5·7 首核張爲宗～

5·5 替～建

久部

0235
久

11

36背·4
貢米粟不～

57背·3
知以～誰

8·4
日～

42·1
在外日～

50正·2
審～人果解未

38正·2
～不相見

150正·1
～道橋

7·5
劉掾從少胡～

第六 木部——邑部

木部

0236 重 棋
1
6·3 文~雄弗力

0237 李
11
5·1 監臨湘~永
5·2 大男~建
5·10 監臨湘~永
5·10 大男~建

0238 榮
1
48正·1 虛竊~禄

0239 桐
1
100正 ~丘男子

0240 樵
1
55正·1 ~母前日得

編號	字頭	數量	出處
0241	松	1	64正・2 書付～
0242	本	6	105背 租券～也；3背・2 ～與玄有不平；104背・1 范通～[事]
0243	果	2	50正・2 審久人～解未
0244	枚	10	110・1 蔣十五～；110・3 皮二席一～；111・2 廿～
0245	杲	1	78正・3 男子胡～
0246	極	1	55正・1 昨怠～服
0247	植	1	28背・3 君～竹木
0248	案	7	29背・1 念在～獄；43正・1 ～解人名；66背・2 廿四～式

0249 樂

2

19·2 ～器什物

0250 檄

4

70正·1 又前通～

5·4 奉桉～輒

0251 橋

1

150正·1 久道～

0252 校

1

56背·2 ～官稅

0253 休

2

49背·2 既緣～使

0254 杝

1

34正·1 且日〓～久

東部

0255 東

7

2·2 ～部勸農郵亭

130 雇～津卒五人

20背·2 據～陽

才部

0256

才

3

48正・1

~炎粗鹵

15背・1

~□爲書之

之部

0257

之

31

5・9

死罪敢言~

15背・1

爲書~

5・1

死罪敢言~

153正・2

鄧~之之不

52正・2

平來取~

35背・2

~念

3背・3

無半言~助

153背・4

~米

55背・1

吾復來視~

69背・2

今[慕]~

出部

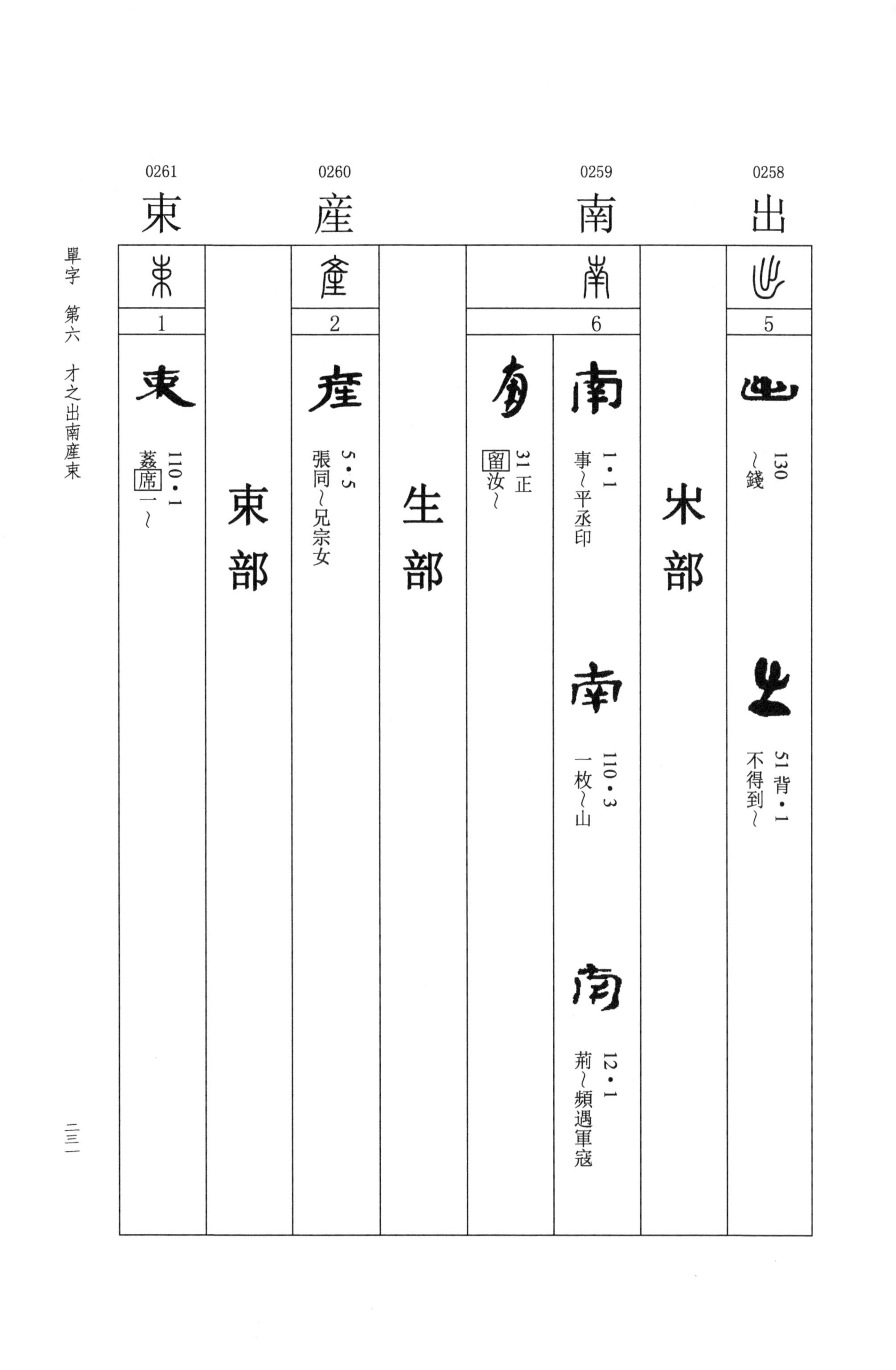

0258 出

5

130 ～錢

51背·1 不得到～

𣎵部

0259 南

6

1·1 事～平丞印

110·3 一枚～山

12·1 荊～頻遇軍寇

31正 [留]汝～

生部

0260 產

2

5·5 張同～兄宗女

東部

0261 東

1

110·1 葌[席]一～

口部

0262 回

回 1

142正・3

☒～

0263 因

因 4

52背・1

～反不永

30背・4

忩〓～附表命

員部

0264 員

員 1

117背・2

書者～

貝部

0265 賀

賀 1

95・3

～

0266 貸

貸 4

145背・2

事貸～貸貸事

145背・2

事貸貸～貸事

0267	0268	0269	0270	0271	0272	0273
賞	賜	責	賈	賤	賦	貴
			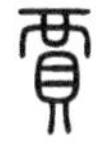			
3	2	4	1	4	1	1
 76·1 收土受～惠	 33背·1 ～疏得具頭尾	 65背·1 各左右～	 84·2 ～□戊月八	 35正·1 客～子侈	 12·1 租荄法～	 35正·3 遵～
 30背·1 從尹主簿相求～		 129 ～民錢		 40正·1 ～子鄧應再拜白		

邑部

0274 邑

1

50正·2　解未～〓

0275 郵

13

35正·2　督～侍前

77正·2　督～案事

0276 部

13

2·2　東～勸農郵亭

5·3　～吏

5·4　到仇重亭～

70正·2　意云曹白～

70正·2　中～賊捕掾考

0277 邵

1

94背　門下功曹史～弘

0278 鄧

7

95·2　故吏～邳

153背·1　～周

153正·2　～之

0279 郎

1

31正　知中～將至

0280
邳

1

95・2
故吏鄧～再拜

𨛜部

0281
鄉

5

12・1
督課～

131
南～民也

第七　日部——自部

日部

0282

日

45

46正·2

～言有主心

65正·2

昨～忩〓

62背·3

～以至也

56正

十月廿二～

36正·1

月[廿]五～舉頓首言

2·4

廿四～乙亥申

77正·5

二月～遣主者

9正·1

六～戊戌

4正

二月九～

42·1

在外～久

55正·1

樵母前～得

63正·1

前～所持

5·1

～戊午

49正·1

一～不悉

120

月十八～

0283

時

6

7·3

～於長蘭亭

39背·1

昔往～爲客

时
66正・1
汝子～=

0284 昭 (1)
12・2
～陵連道尚有營守

0285 景 (2)
43背・1
張～名爲采安

0286 昏 (1)
7・6
一所～窴

0287 旱 (1)
47背・1
吾往年遇～了

0288 昨 (6)
50正・1
～示悉

55正・1
～怠極服

72背
子委～别

0289 昌 (1)
157・1
～孖

0290 暑 (3)
39正・2
勤勞～

15正・2
月～

0291
昔

15

5·2
大男精張精~等

5·3
比曉張~

39背·1
念區=~往時

35背·1
推~分別縲磨

5·4
考問張~訊

0292
曉

2

5·3
比~張昔不還田

旦部

0293
旦

2

50正·2
君~詣府門

月部

0294
月

41

84·2
戊~八

129
故~未既

76·1
會~廿四日

120
~十八日被徵

69正·2
家須得~直耳

36背·3
後~十閒

55背·3
許十～中

127
四～不

32背·1
爲屬令至～

130
卒五人四～直

100正
三年二～

2·4
正～廿四日

100背
十～當還

5·1
九～己酉

77正·2
會十二～廿日

56正
十～廿二日

15正·2
～暑

0295

朔

3

117正·1
六月甲申～廿二乙卯

35正·2
磨年～

有部

0296

有

21

12·2
今雖～赦令

46正·2
日言～主心

55正·2
又～

70正·2
～北里中宅

146·3
～若無

5·8
辭～後情

3背·2 本與玄～不平

5·2 母妊～田十三石

5·6 ～餘財

62背·3 當～告語不

49背·1 ～至此來求

120 深～[愁]悵

朙部

0297 朙

5

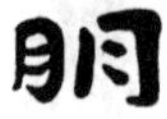
明 5·4 ～附證驗

55背·1 ～日當

夕部

0298 夕

1

36正2 煩務[朝]～

0299 外

1

42·1 在～日久

多部

0300
多

1

34正・1
不～云

片部

0301
牒

1

5・3
辭如～

禾部

0302
禾

1

5・2
税～當爲百二

0303
年

15

3背・3
在職二～

5・5
前不處～中

2・4
光和六～正月

0304
租

4

105背
嗇夫～券本

12・1
～荄法賦

56背・1
～曾也

0305
税

3
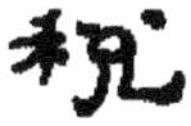
5・2
～禾當爲百二下石

5・8
當分～張

0306 稱

稱　3

146・2　稱~稱

146・2　稱稱~

0307 科

科　2

104正・2　~傳輸

19・2　~筴樂器什物

秝部

0308 兼

兼　2

93　~門下功曹史

米部

0309 米

米　17

12・1　倉空無~

153背・3　~米米不米

153背・5　~米米

153背・5　米~米

0310 精

精　4

6・3　弗力~人兵

[米+隹]　5·10　大男李建與～張

0311 氣　1
133　答辭～

宀部

0312 家　10
26　張義從～書
69正·2　～須得月直耳
84　文后～今又六戶
12·2　各便歸～
117正·3　～

0313 宅　1
70正·2　北里中～

0314 宛　1
32背·2　今聞據～

0315 定　2
3背·1　共安～亭

0316 寔

1

70正·2 白劉～忍

0317 安

9

2·2 掾周～言事

29背·3 唯爲作便～

43背·1 張景名爲采～

0318 完

2

63正·1 以～也

24·2 奴衣笥印封～

0319 實

4

7·2 不得～問

5·10 殷何言～核

0320 守

4

1·1 桂陽大～

12·1 臨湘～令臣

12·2 有譬～

0321 宜

6

135 何～有

12·2 不～復除

50背·1 河～小用意求

33背·1 ～復思省

0322 宿

1

34背1 得～留

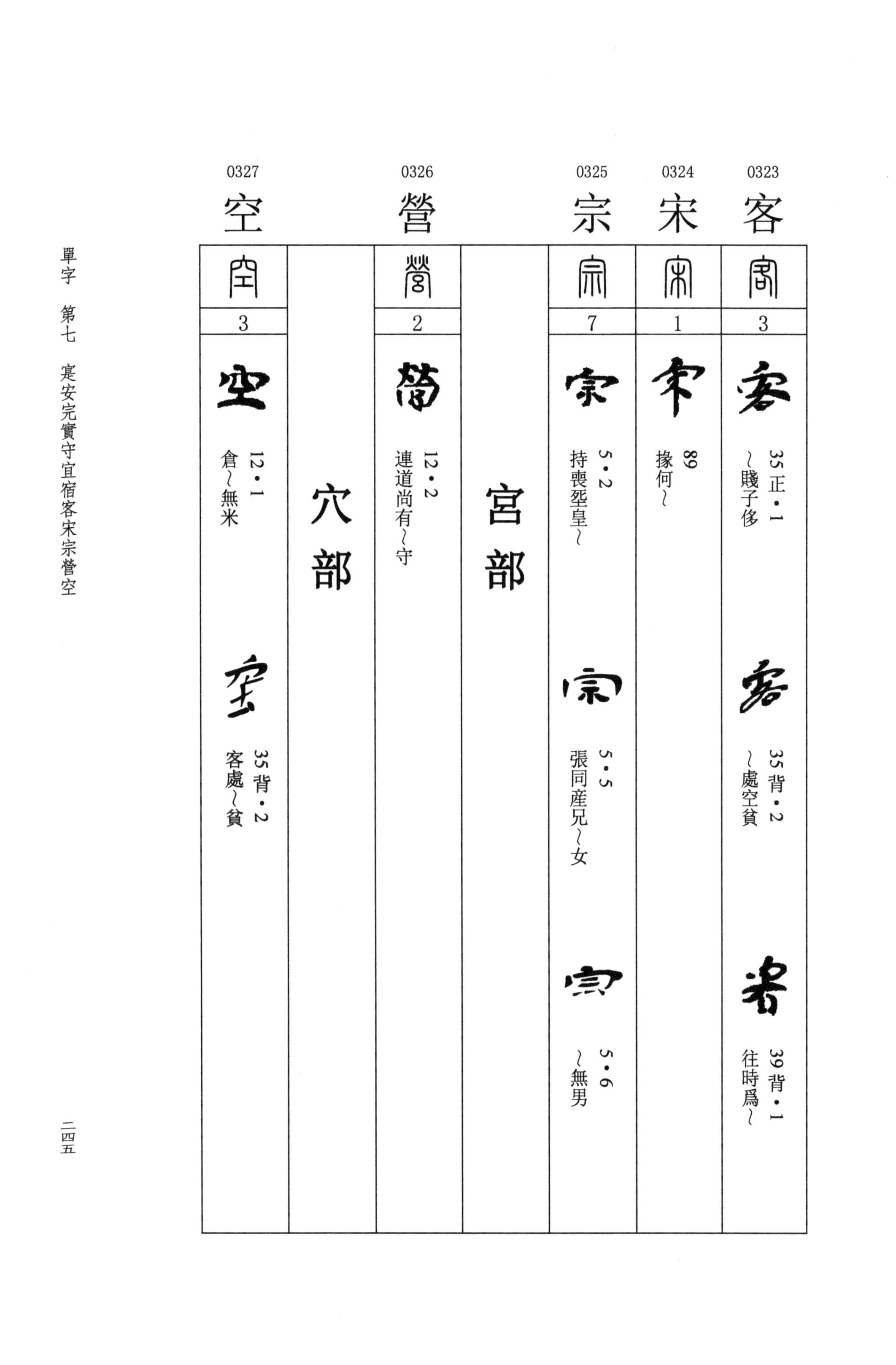

0323 客 3
- 35正·1 ～賤子侈
- 35背·2 ～處空貧
- 39背·1 往時爲～

0324 宋 1
- 89 掾何～

0325 宗 7
- 5·2 持喪坙皇～
- 5·5 張同産兄～女
- 5·6 ～無男

宮部

0326 營 2
- 12·2 連道尚有～守

穴部

0327 空 3
- 12·1 倉～無米
- 35背·2 客處～貧

疒部

0328
疾

3

23正
～苦亡取

55背・3
非但～者

冖部

0329
冠

12

145正・2
冠冠～謝冠草

145正・2
冠冠冠謝～草

145正・1
～冠冠蔡

冃部

0330
同

2

5・5
取張～産兄宗女

网部

0331
罪

24

3背・1
詳死～白

5・4
畀付彈處～法

5・9
叩頭死～

48正・1 叩頭死～〓

0332 羅

2

5・5 升～張昔縣民

0333 署

2

2・3 詣如～

0334 置

1

5・2 前～三歲

巾部

0335 常

5

149正・2 □～相念不憙

86正 ～抱

15背・1 相親～歸

0336 布

4

12・1 庫無錢～

49正・2 又馬～

0337 ⿰巾夾

1

⿰巾夾 12・2 ～弩委矢

白部

0338 白

35

3背·1 詳死罪～

13正·1 惶恐～

40正·1 鄧應再拜～

42·1 涂輔～

43正·1 屬～

44·1 紀～屬求

70正·2 意云曹～部

49正·1 原～

70正·2 ～劉寔忍

44·2 云衆～爲得

第八 人部——次部

人部

0339

人

42

125·3 右一～

6·3 捕何～

38正·2 小～居

130 雇東津卒五～

15正·3 令～爲書

162背 暑～悉

7·3 何～從草

6·3 力精～兵

43正·1 案解～名

91·2 凡九～

50正·2 審久～果解未

49背·1 ～有至此來求

63正·1 ～諸

62背·2 受～見不事

0340

仁

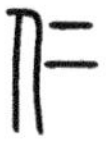

3

68正·1 愁=以～

10背 ～君

0341 企 （1）

48背・2 ～□淒得

0342 仕 （2）

67正・2 作～

0343 伯 （3）

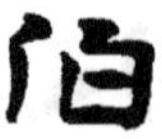
113・1 達～智二萬五千

146・1 左左～

0344 仲 （1）

100正 從臨湘伍～取

0345 伴 （1）

65正・1 不復無～愁=

0346 何 （28）

5・8 ～誠惶

68背 當～

5・3 ～緣强奪建田

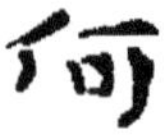
6・3 捕～人

5・1 盜賊殷～

100正 桐丘男子～君

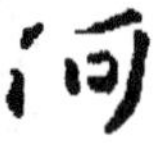
7・3 ～人從草

52正・1 君子所共～

0347 備

4

3背·2 ~郵亭掾

8·2 得~領列

0348 侍

12

24·1 府卿~閤周

38正·2 陳掾~前

34正·2 陳主簿~前

39正·2 進~前

35正·2 督郵~前

0349 付

12

5·4 畀~彈處罪法

133 難~所勑

65正·1 愁=故~

36背·4 領并秖領~

32正·1 小大故~

49背·1 今遣取以~之

118背 ~意

0350 伍

2

100正 從臨湘~仲取

0351 什

2

138 公明上□~

字號	字頭	篆文	字數	字形	出處
0352	作		6	  	55背·2 合～ 55背·3 吾復～足手 7·4 發民～亭顔
0353	便		3	 	12·2 吏各～歸家 102正·2 ～以
0354	任		1		68背 賊曹子～煩内
0355	使		4	 	55背·2 小兒勿～行 49背·2 既緣休～
0356	傳		2		70背·1 ～曹史問
0357	侈		1		35正·1 客賤子～頓首再拜
0358	俳		1		149背·2 粟～時主布夫
0359	傕		1		70背·2 竟爲數～

0360 例

2

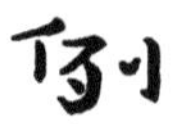

5・10 ～督盜賊殷何

5・1 ～督盜賊殷何

0361 但

2

16背・1 ～不入

55背・3 非～疾者

0362 仇

1

5・4 徑到～重亭部

0363 他

3

68背 內～復設

49正・2 頃復～異

0364 佐

1

101 書～新忠僦

匕部

0365 頃

5

49正・2 ～復他異

70正・1 ～不語言

从部

0366 從

15

5·10 自相和~書

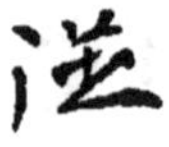
7·5 劉掾~少胡久

36背·1 未~黨照

0367 并

4

15背·1 ~蜜其上相

28正·1 ~亭長

比部

0368 比

4

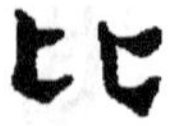
18正·1 狀曹~被莫府

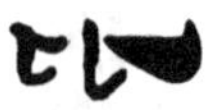
5·3 ~曉張昔不還田

59 處惓=謝~

北部

0369 北

3

7·3 長蘭亭~五里

70正·2 有~里中宅

0370 冀

4

35背·3 將命~見

34正·1 不多云~

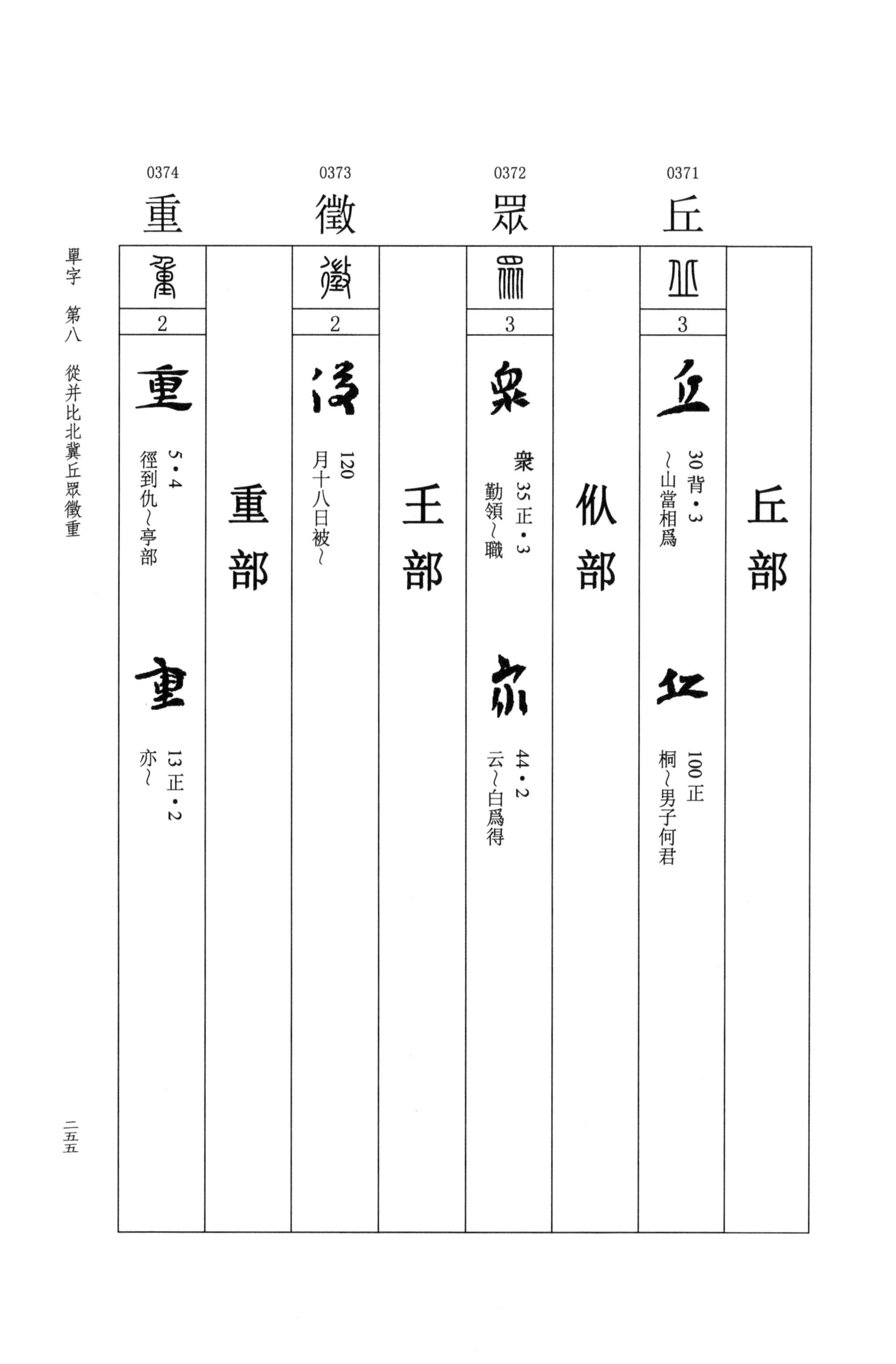

丘部

0371 丘

3

30背·3　~山當相爲

100正　桐~男子何君

㐺部

0372 眾

3

衆 35正·3　勤領~職

44·2　云~白爲得

壬部

0373 徵

2

120　月十八日被~

重部

0374 重

2

5·4　徑到仇~亭部

13正·2　亦~

臥部

0375 監

3

5·10 ~臨湘李永

5·3 ~部吏役

0376 臨

9

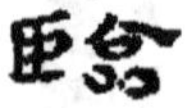

5·10 監~湘李永

12·1 ~湘守

122 記~湘

身部

0377 身

2

34正·2 不以~爲憂念

68正·1 迫此~

㐆部

0378 殷

2

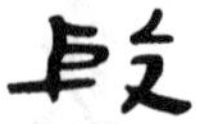

5·1 督盜賊~何叩頭

5·10 督盜賊~何言

衣部

0379
衣

2

24・2
奴～笥印封完

0380
袤

2

表 30背・4
悤=因附～命

0381
袁

2

40正・1
諾白悉～賤子

0382
被

3

120
月十八日～徵

0383
卒

8

7・5
阪驛～番

130
雇東津～五人

81
卅算～

裘部

0384 重
求

8

49背・1
有至此來～

43背・1
今送～

44・1
屬～悉禄

15正・3
言者在～史

44・2
既亦～爲騎吏

老部

0385 壽

1

131 郭堅～

0386 考

3

5・4 ～問張昔

70正・2 中部賊捕掾～

0387 孝

3

49背・3 謝～達何起新安

60背・1 黃既～

毛部

0388 毛

1

55背・1 ～有此言

尸部

0389 尸

1

5・6 喪～在堂

0390
居

6

35正·3 起～官舍

38正·2 小人～

60背 起～

尾部

0391
尾

1

33背·1 得具頭～

0392
屬

11

70背·1 事～右辭曹

44·1 紀白～求悉禄

43正·1 ～白

履部

0393
履

1

60背·2 ～安寧驢喜

儿部

0394
兒

1

55背·2 小～勿使行虧

兄部

0395 兄

1

5・5　同産~宗女

0396 競

1

兢　48正・2　惶□戰悸~=

見部

0397 見

18

12・2　~職吏

55正・1　頃不相~

35背・3　將命冀~

3背・4　上下皆~知

70背・2　~在立可

0398 視

1

55背・1　吾復來~之

0399
親

2

15背·1
其上相～常歸財

欠部

0400
歡

1

傕
35背·1
安善～喜

0401
欲

7

49正·1
連復～詣

35背·2
～相從談誶

0402
次

2

146·3
～心肆意

歙部

0403
歙

1

歙
7·3
下留～水

次部

0404
羨

1

146·2
~恙羡

0405
盜

7

5·1
例督~賊殷何叩頭

5·10
例督~賊殷何言

6·2
~取文書亡

第九　頁部——易部

頁部

0406 頭（20）
- 5·1 殹何叩～死罪
- 45·1 羌叩～
- 5·9 叩～死罪
- 5·4 何叩～死罪死罪
- 6·1 ～死罪敢言之

0407 頰（1）
- 147正·2 ～糜眉

0408 領（7）
- 35正·3 勤～衆職
- 36背·3 ～付

0409 頓（15）
- 50正·1 津～首
- 30正·1 下書猶～首言
- 30背·5 惶恐～首頓首
- 61·1 ～首再拜
- 35正·1 ～首再拜
- 35背·3 惶恐～首

30背·5 惶恐頓首~首

0410 頗

2

12·2 小~驚急

0411 煩

3

68背 賊曹子任~內

36正·2 侍前~務

0412 頻

1

12·1 荊南~遇軍寇

面部

0413 面

2

50背·1 又在倉~報云

首部

0414 首

15

61·1 頓~再拜

35正·1 頓~再拜

50正·1 津頓~

30背・5　頓～頓首

県部

0415
縣

5

5・5　張昔～民

58正　下到～

須部

0416
須

2

69正・2　家～得月直耳

文部

0417
文

11

7・2　劉掾檜～書

6・2　盜取～書亡

29背・2　令曹～書吏

19・2　六門～書

94正　從掾～顯

19・2　典録～書

卩部

0418

令

16

154背·2 臨湘～主

12·1 翼蒙赦～

12·2 今雖有赦～

3背·1 安定亭～詳

15正·3 ～人爲書

78背 勑～來

16正·2 節長教～

0419

卻

1

120 ～言孤絶

印部

0420

印

3

24·2 奴衣笥～封完

1·1 南平丞～

卯部

0421
卿

1

24·1
府～侍閤周

茍部

0422
敬

1

41背
因懷～

山部

0423
山

5

110·3
南～

7·6
長蘭～中

105背
南～鄉嗇

30背·3
丘～當相爲

0424 重
峻

2

51背·1
累～不得到出

广部

0425 广

广

1

5·7 以上～（廣）二石

0426 府

府

15

104正·1 左～記依

24·1 ～卿侍閤周

7·2 隨～五官劉掾

50正·2 君旦詣～門

18正·1 狀曹比被莫～

0427 庫

庫

1

12·1 ～無錢布

石部

0428 石

石

8

5·7 以上广二～種

5·2 有田十三～

5·2 百二下～

5·3 八～

5·6 田八～種

0429
磨

2

35背・1
推昔分別縲～

長部

0430
長

17

7・4
蘭亭～張姓

7・3
時於～蘭亭

长 28背・2
節郵亭～

16正・2
節～教

0431
隸

1

肆 146・3
次心～意

勿部

0432
勿

3

36背・3
後忿務～怪也

55背・2
～使行虧

70背・2
～忘大小改易

昜部

0433
昜

6

117背・1
～識

35正・2
～邁忽爾

70背・2
勿忘大小改～

第十 馬部——心部

馬部

0434 馬

6

1·2 丞掾驛～行

3背·1 掾～玄前共安定亭

49正·2 又～布

0435 驗

1

5·4 明附證～

0436 騎

2

44·2 既亦求爲～吏

0437 驚

1

12·2 ～急

0438 驛

3

1·2 丞掾～

7·5 阪～卒番鍾隨踵

廌部

0439 重 法

2

12・1 租茭～賦

5・4 畀付彈處罪～

犬部

0440 默

1

6・2 子～盜取文書

0441 狀

11

117正・3 所犯爲無～

77背・4 詣府白～

28正・2 ～若

0442 犯

1

117正・3 所～爲無狀

0443 獨

1

獸 50正・2 ～迫君旦詣府門

0444 猶

2

29正・1 ～再拜

犬部

0445 獄	
	3
	29正·2 簿雁□案～
	29背·1 念在案～
	91·2 ～史

能部

0446 能	
	3
	65背·2 ～可得
	68正·1 微不～

火部

0447 火	
	1
	64正·2 及～興求

0448 烈	
	1
	120 王～

0449 照	
	1
	36背·2 未從黨～

0450 光 (6)

- 85背 子光和～光
- 5·1 ～和六年九月
- 85背 子光和光～
- 85背 子～和光光
- 2·4 ～和六年正月

炎部

0451 炎 (1)

- 48正·1 才～粗鹵

黑部

0452 黑 (1)

- 118背 何～白

大部

0453 大 (24)

- 5·2 ～男李建
- 5·2 ～男精張
- 110·3 ～酒于一枚

37背·1 ～小問聞

109·1 武陵～男

5·10 ～男李建

33背·2 不悉小～

49背·2 ～內勑告

52正·2 小～復

70背·2 勿忘～小改易

36背·3 內小～委

0454
奈

1

55正·2 不知～其何

亦部

0455
亦

5

13正·2 ～重

44·2 既～求爲騎吏

夭部

0456
𡴘

7

35背·1 ～=甚=

60背·2 ～甚

50背·3 ～甚

交部

0457

交

2

133
盡力思必～

夫部

0458

夫

5

105背
鄉嗇～租券

30背・1
大～從尹主簿

30背・3
自矢～丘山

149背・2
粟徘時主布～

立部

0459

立

1

70背・2
見在～可

竝部

思部

0460 重
替

3

5・5　替～弟建

5・6　～建

0461
思

4

133　盡力～必交

33 背・1　宜復～省

51 背・1　爲～累峻

0462
慮

1

146・3　不拘～度

心部

0463
心

4

38 正・2　中～常有

146・3　次～肆意

46 正・2　有主～

0464
情

2

5・8　～續解復言

0465
意

10

70 正・2　～云曹白部

13 背・1　～

118 背　付～何黑白

	0466 念		0467 恩	0468 想	0469 怙	0470 恃	0471 急

	14		3	5	1	1	2
 37正·1 書聞~將何	 36背·2 頃迷務繫~	 悆 35背·2 之~	 159·2 之加~	 50正·1 別念~	 36背·3 相親恃~	 36背·3 相親~怙	 12·2 驚~
	 149正·2 常相~不意		 47背·4 護汝大~	 36背·1 雞一雙~達從			 70背·1 令召賊捕掾~
	 149正·2 不相常相~平						

編號	字頭	篆文	數	字形	出處
0472	愚		1		49背·2 乃盡~趣
0473	怪		1		36背·3 後忿務勿~也
0474	怠		1		55正·1 昨~極服
0475	忽		4		58背 元不~
					35正·2 易邁~爾
0476	忘		1		70背·2 勿~大小改易
0477	忌		1		30背·4 復告~
0478	恚		6		性 6·2 ~[則]
					6·5 盜取~文書
					7·1 ~辭
0479	怒		3		32正·1 ~（努）力相[事]
					55背·2 ~（努）力

0480	0481	0482	0483	0484	0485	0486
悔	恙	愁	恐	惶	忍	忩

1	1	2	10	9	1	6
 65背・2 得止～	 146・2 羨～羕	 68正・1 ～=以仁	 35背・3 惶～頓首  7・3 素惶～叩頭  38正・1 惶～	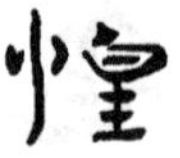 5・8 何誠～  7・6 素～恐叩頭	 70正・2 寔～有北里	 30背・4 ～=因附表命  50背・2 ～=  36背・2 後～務勿怪

0487 怰	0488 惓
1	2

13背・1 慧～	59 處～=

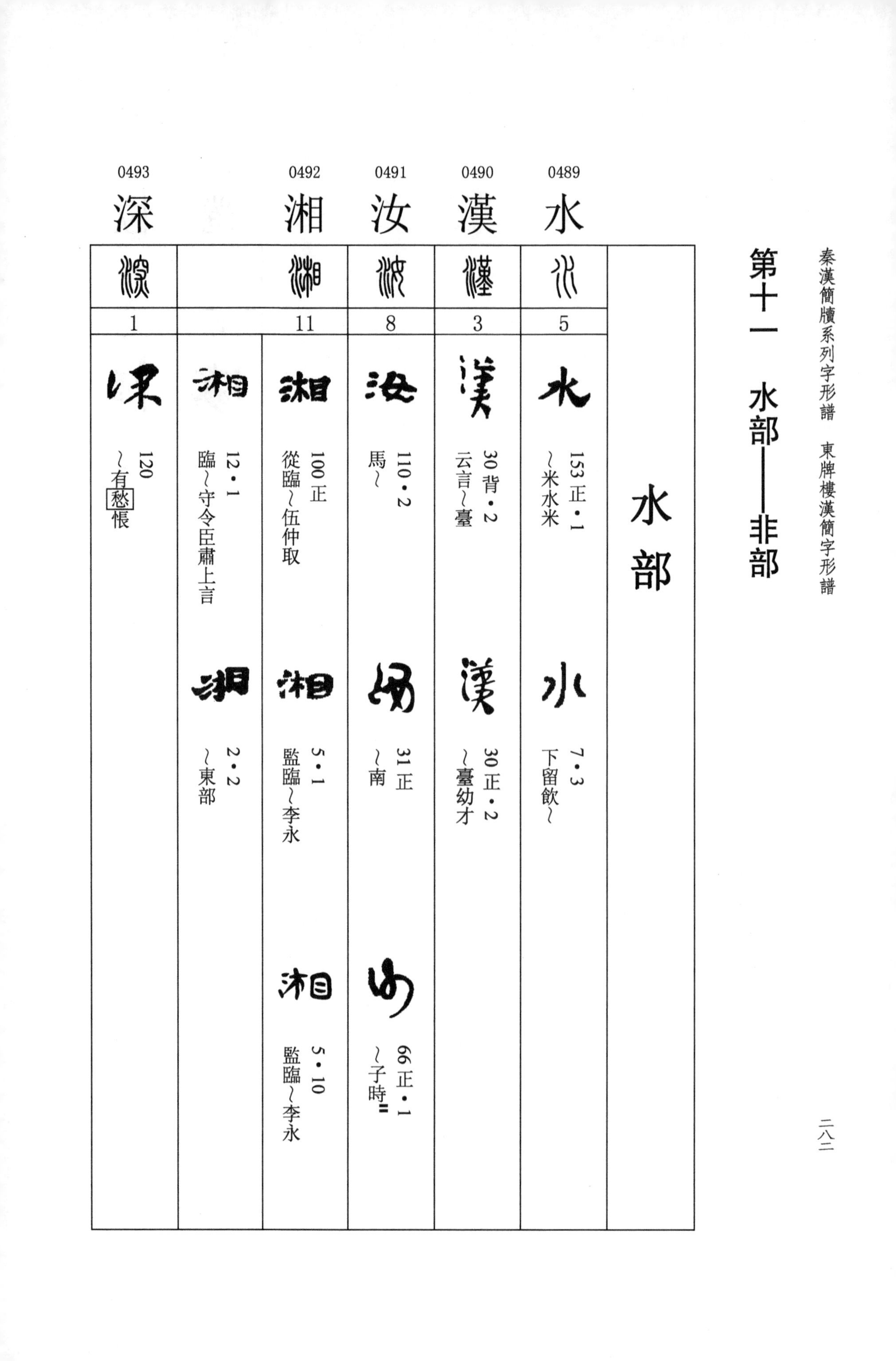

第十一　水部——非部

水部

字號	字頭	數量	出處
0489	水	5	153正·1 ~米水米；7·3 下留飲~
0490	漢	3	30背·2 云言~臺；30正·2 ~臺幼才
0491	汝	8	110·2 馬~；31正 ~南；66正·1 ~子時=
0492	湘	11	100正 從臨~伍仲取；5·1 監臨~李永；5·10 監臨~李永；12·1 臨~守令臣肅上言；2·2 ~東部
0493	深	1	120 ~有[愁]帳

0494 治

2

5·2 都郵掾～所檄曰

0495 津

6

50正·1 ～頓首

130 雇東～卒

林部

0496 重 流

1

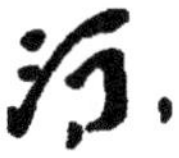

48正·1 歸命下～

永部

0497 永

3

5·10 監臨湘李～

52背·1 因反不～

0498 羕

1

146·2 羕恙～

雲部

0499 重

云

8

50背·1 倉面報～河

12·1 ～當虧除

66背·2 所～廿四案式

44·2 ～衆白爲得

飛部

0500 重

翼

1

奥 12·1 ～蒙赦令

非部

0501

非

4

34背·3 ～知

55背·3 ～但疾者

第十二　不部——弜部

0502

不

91

不部

35正・3
~復相見

35背・1
磨~數承

142・2
~乙矣

149正・2
常相念~憙

153背・2
~不不言

153背・3
米米米~米

12・2
~宜復除

12・2
召喚~可復致

7・2
~得實問

159・2
蒙~

12・1
民~輸入

62背・3
當有告語~

3背・2
玄~處年中

34正・2
~以身爲憂念

30背・4
~具

5・3
昔~還田

3背・2
本與玄有~平

55正・2
~知奈其何

49正·1
一日~悉

55正·1
頃~相見

65正·2
~悉元

127
移前至四月~

70正·1
頃~語言

146·3
~拘慮度

48背·1
營~勝

66正·1
經世~悉飭

33背·1
宜復思省~

43正·1
書~悉

16背·1
但~入

51背·1
累峻~得到出

至部

0503
至

8

62背·3
日以~也

32背·1
爲屬令~月

51背·2
言不復~

0504
到

9

5·3
檄~

58正
下~縣

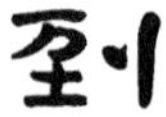
5·4
徑~仇重亭部

0505
臺

1

30背·2
云言漢~

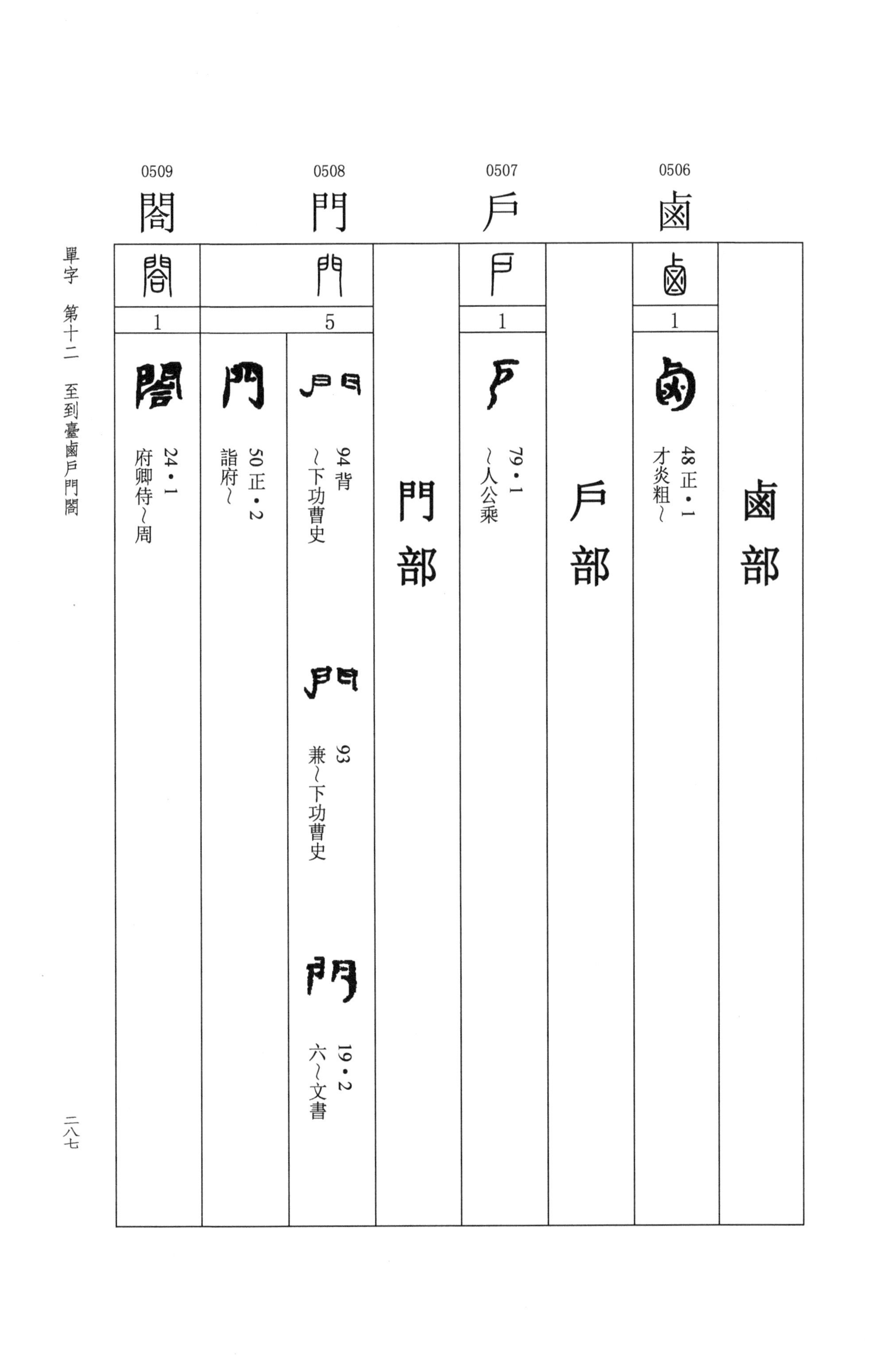

鹵部

0506 鹵

1

48正·1 才炎粗～

戶部

0507 戶

1

79·1 ～人公乘

門部

0508 門

5

94背 ～下功曹史

93 兼～下功曹史

19·2 六～文書

50正·2 詣府～

0509 閤

1

24·1 府卿侍～周

耳部

0510 耳

2

69正・2 須得月直～

0511 聞

9

55正・2 ～言

30背・1 近會～大夫從尹

手部

0512 手

2

55背・3 吾復作足～

0513 重 拜

16

29正・1 猶再～

34正・1 堂再～

95・2 鄧邳再～

74・1 ～言

35正・1 頓首再～

0514 推

1

35背・1 ～昔分別

0515 持	0516 掾	0517 重 抱	0518 承	0519 探	0520 捕
6	47	2	2	1	4
5·2 ~喪堊皇宗	3背·1 ~馬玄前	48背·1 禁制~情	35背·1 不數~	30背·2 往速~問	6·3 ~何人
63正·1 前日所~	7·5 劉~從少胡久				70正·2 中部賊~掾考
72正 □~爲言	70正·2 中部賊捕~考				
	1·2 丞~驛馬行				

女部

0521 女

3

5・5 產兄宗～姃爲妻

5・5 顏～弟條

5・5 產～

0522 姓

1

7・4 張～發民

0523 嫁

1

118 正 相與隨～事

0524 妻

2

5・5 兄宗女姃爲～

0525 婦

2

51 背・3 謝～峻叩頭拜

0526 母

3

5・2 ～姃有田十三石

55 正・1 樵～前日得

0527 奴

1

24・2 ～衣笥印封完

0528
委

5

72背　子~昨別

43背·2　小大~

36背·3　內小大~

0529
妀

1

35背·3　財自空~

0530
如

7

2·3　詣~署

5·3　辭~牒

12·2　吏~舊

145背·2　謝蔡~白事

146·3　檢御~此

0531
姃

3

5·2　母~有田

5·5　宗女~爲妻

民部

0532
民

7

5·3　~自言

5·5　升羅張昔縣~

7·4　發~作亭顏

乀部

0533 也

𠃟（篆文）

17

105背 租券本～

36背·3 勿怪～

56正·1 未得出～

32背·2 與語～

105正 中倉券～

62背·3 日以至～

戈部

0534 賊

賊（篆文）

13

103 右曹～

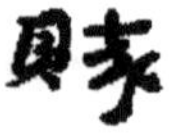
5·1 例督盜～殷何

3背·3 遭遇～唐

70背·1 令召～捕掾急

0535 戰

戰（篆文）

2

48正·2 ～悸兢=

我部

0536 我 1

- 69正·1 汝當還~錢

0537 義 4

- 146·3 羑~
- 34背·2 所在~理

乚部

0538 直 3

- 130 五人四月~
- 69正·2 得月~耳

亾部

0539 亾 3

- 6·2 子默盜取文書~
- 23正 疾苦~取

0540 無 20

- 3背·3 ~半言之助
- 5·6 宗~男
- 12·1 庫~錢布
- 35背·2 空貧~緣自前

匚部

0541

區

7

39背·1 念～＝昔

35背·1 ～＝

46背·2 賤子～

弓部

0542

張

29

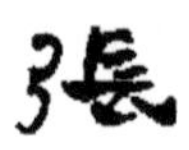

5·10 與精～諍田

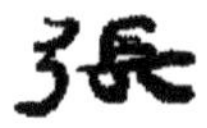

5·3 事以～昔今

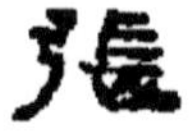

5·3 比曉～昔不還田

5·2 大男精～精昔等

5·5 取～同産兄宗女妅

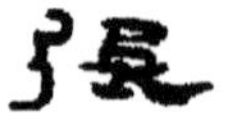

5·4 考問～昔

5·5 升羅～昔縣民

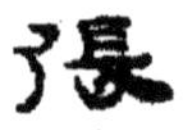

5·7 建爲妅敵男～建

5·7 首核～爲宗弟

7·4 蘭亭長～姓

张 43背·1 ～景名爲采安

編號	字	數	出處	辭例
0543	弘	1	94背	功曹史邵~
0544	弩	2	12・2	峽~委矢
0545	彈		5・4	畀付~處罪法
0546	發	1	7・4	~民作亭

弜部

編號	字	數	出處	辭例
0547	弼	1	48背・2	功曹史範~奉

第十三　糸部——力部

糸部

	0548	0549	0550	0551	0552	0553
字頭	經	紀	絶	約	緣	纍
篆文						
數量	2	3	3	2	4	3
字形	 66正·1 ～世不悉飭	 7·6 ～長蘭山中	 55正·2 斷～往來	 70正·1 子～	 35背·2 無～自前	 累 63正·2 得～=復遺
字形		 44·1 ～白	 120 卻言孤～		 49背·2 既～休使	 34正·1 難得人～
字形						 51背·1 爲思～峻

虫部

0554
雖

1

12.2 故自今~有赦令

0555
强

3

5·3 張昔今~奪取

33背·2 不可~也

蚰部

0556 重
蜜

1

15背·1 并~其上

二部

0557
二

29

3背·3 在職~年

5·2 百~下石

5·7 以上广~石

6·5 筒~枚

6·5 錢~千

6·6 ~

9正·1 五年~月

100正 中平三年~月

110·3 皮~席一枚

56正 十月廿~日

113·1 達伯智~萬五千

117背·2 六月廿~日白

117正·1 申朔廿~乙卯

77正·4 十二月廿~日

77正·4 會十~月

77正·5 ~月日

132·3 [錢]~百

32背·3 ~日

36背·2 禮~百

0558 重

式

1

142背·1 ~

0559

凡

2

82·1 ~口五事

土部

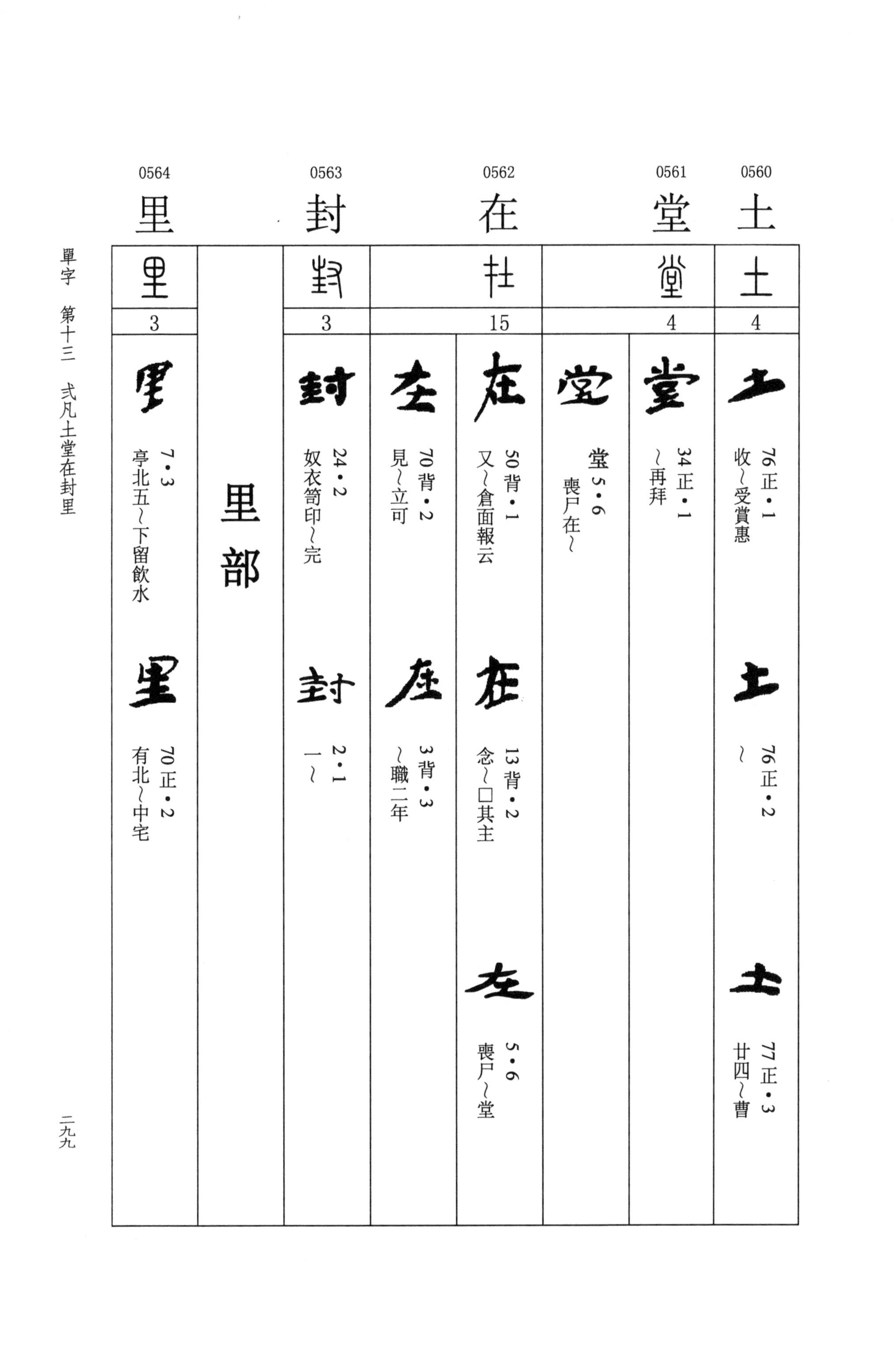

0560
土
土
4

76正・1 收～受賞惠

76正・2 ～

77正・3 廿四～曹

0561
堂
堂
4

34正・1 ～再拜

堂5・6 喪尸在～

0562
在
在
15

50背・1 又～倉面報云

13背・2 念～□其主

5・6 喪尸～堂

70背・2 見～立可

3背・3 ～職二年

0563
封
封
3

24・2 奴衣笥印～完

2・1 一～

里部

0564
里
里
3

7・3 亭北五～下留飲水

70正・2 有北～中宅

田部

0565 田

9

5·2 母姃有~十三石

5·10 諍~自相和從書

5·3 强奪建~

5·6 ~八石種

5·7 ~首核張爲

5·3 昔不還~

0566 當

26

114·2 莫~歸四分

32背·3 各~分予錢

38背·1 ~與亭長

12·1 云~虧除

55背·1 明日~

102正·3 念~

69正·1 汝~還我錢

68正·2 明日~令

68背 ~何

30背·3 丘山~相爲

62背·3 至也~有告

0567 畱

7

留 7·3 下~飲水

15背·2 念~神欲及也

31背 不得~

黃部

0568
黃

4

75背
張白將從～獻

8・1
兼主録掾～章

78正・1
捕盜史～敷

男部

0569
男

12

5・10
大～李建

3背・1
～子蔡

5・6
宗無～有餘財

5・7
建爲娗敵～

5・2
大～李建

力部

0570
力

9

5・8
盡～實核

6・3
雄弗～精人兵

32正・1
怒～相

33背・2
～疾書

133
盡～思必交

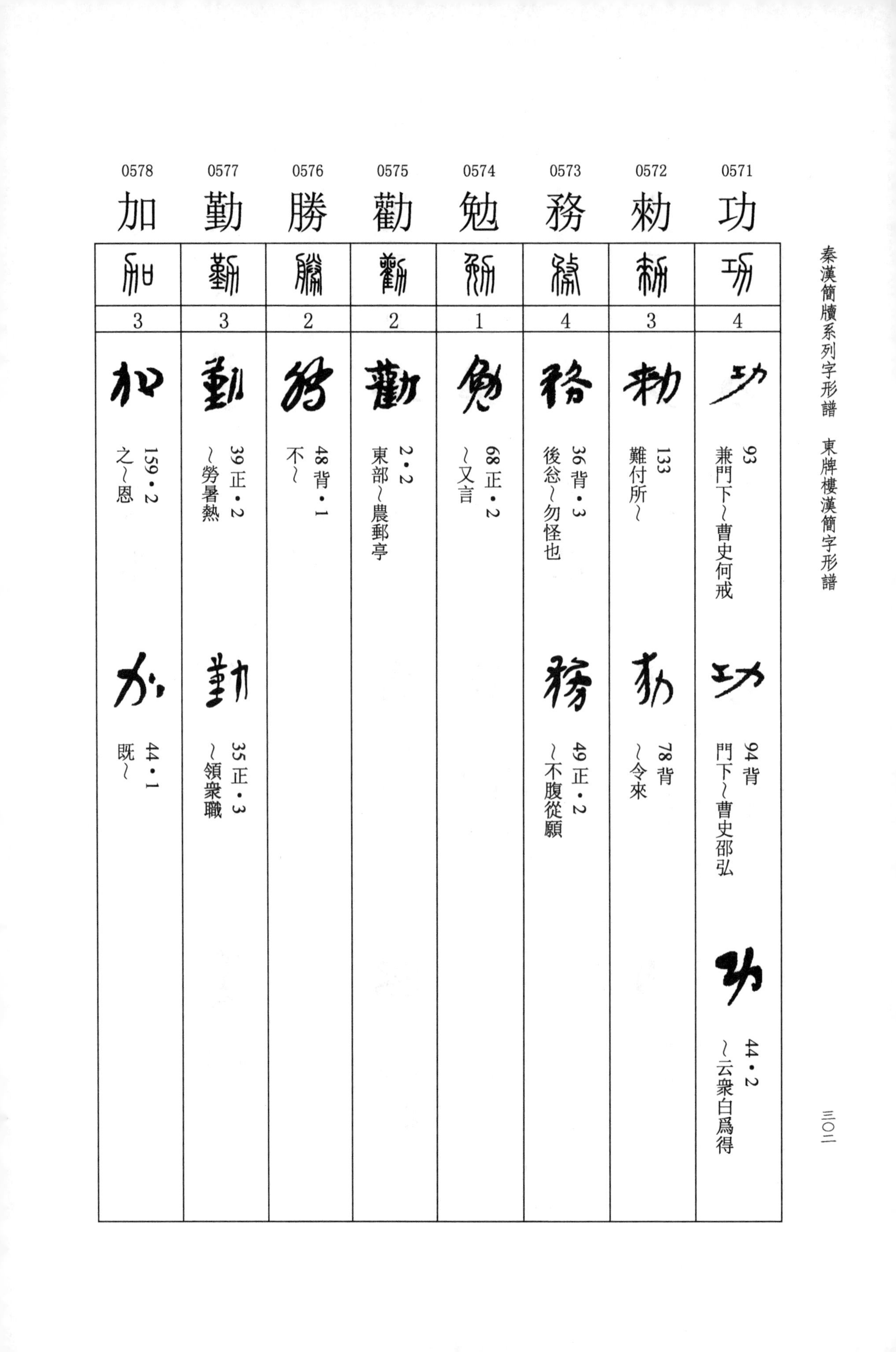

0578	0577	0576	0575	0574	0573	0572	0571
加	勤	勝	勸	勉	務	勑	功
3	3	2	2	1	4	3	4
159・2 之～恩	39正・2 ～勞暑熱	48背・1 不～	2・2 東部～農郵亭	68正・2 ～又言	36背・3 後忿～勿怪也	133 難付所～	93 兼門下～曹史何戒
44・1 既～	35正・3 ～領衆職				49正・2 ～不腹從願	78背 ～令來	94背 門下～曹史邵弘
							44・2 ～云衆白爲得

第十四 金部——戌部

金部

0579 録

3

19・2 主事典~文書

0580 錢

8

12・1 庫無~布

69正・1 汝當還我~

0581 鐂

6

劉 7・5 ~掾從少胡久

70正・2 白~寔忍

7・2 五官~掾檐文書

几部

0582重 處

7

5・4 正~言

35背・2 客~空貧

且部

0583 且

且（篆）

1

34正·1 ～日＝

斤部

0584 斤

斤（篆）

1

112·2 豬肪十～

0585 所

所（篆）

22

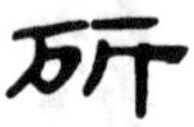

5·4 ～畀付彈處

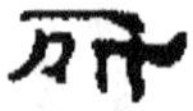

5·2 都郵掾治～檄

133 難付～敕盡力

63正·1 前日～持

7·6 一～昏寘

0586 新

新（篆）

2

101 書佐～忠僦

斗部

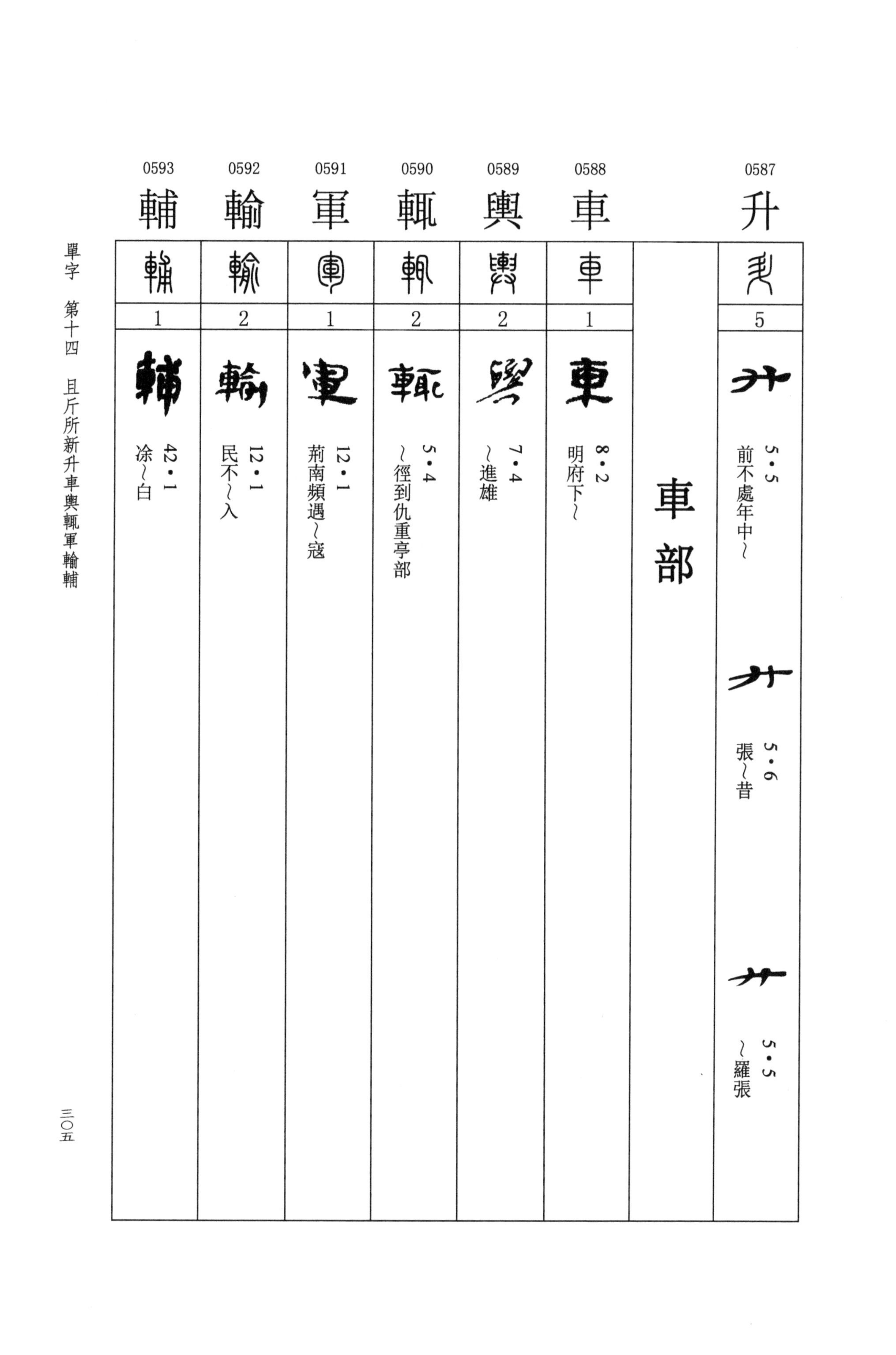

編號	字頭	數	出處
0587	升	5	5·5 前不處年中～；5·6 張～昔；5·5 ～羅張

車部

編號	字頭	數	出處
0588	車	1	8·2 明府下～
0589	輿	2	7·4 ～進雄
0590	輒	2	5·4 ～徑到仇重亭部
0591	軍	1	12·1 荊南頻遇～寇
0592	輸	2	12·1 民不～入
0593	輔	1	42·1 涂～白

𠂤部

0594 官 𠂤 5

75背 皆~史李

56背·2 校~税

7·2 隨府五~劉掾

35正·3 起居~舍

𨸏部

0595 陵 陵 3

12·2 昭~連道尚有營守

160正·1 醴~

0596 陽 陽 7

117背·1 肥~玉角

89 獻曹掾趙~

20背·2 據東~

0597 附 附 2

5·4 明~證驗

0598 隱 隱 1

3正·2 ~

0599
陳
7

34正·2 ～主簿侍前

3背·1 ～伯

102正·1 ～

0600
除
3

12·1 云當虧～

12·2 不宜復～

四部

0601
四
10

130 卒五人～月直

2·4 廿～日

66背·2 廿～案式

114·2 當歸～分

五部

0602
五
17

110·1 蔣十～枚

113·1 二萬～千

121 正月十～日

130 卒～人

7·2 隨府～官

7·3 北～里

9正·2 今月~日初

六部

0603 六

13

2·4 光和~年

5·1 光和~年九月

5·7 下~石

9正·1 癸巳朔~日戊戌

19·2 ~門文書

117背·2 ~月廿二日白

54正·2 ~七人爲民

84·1 後家今又~

七部

0604 七

1

54·2 六~人爲民

九部

0605
九

8

5·1 光和六年~月

79·1 卅~箅卒篤夆

113·2 王趙萬~千

内部

0606
萬

4

113·1 達伯智二~五千

113·2 王趙~九千

甲部

0607
甲

4

117正·1 六月~申朔廿二

151 ~子乙丑

82·3 ~卒一人

乙部

0608
乙

10

2·4 ~亥申

3正·5 廿一日~亥

151 甲子~丑丙寅

0609
乞
2

3背·4 願~備他役

丙部

0610
丙

丙

1

151
甲子乙丑～寅

戊部

0611
戊

戊

3

5·1
日～午

9正·1
六日～戊

己部

0612
己

己

1

5·1
九月～酉朔

辛部

0613
辭

辭

7

70背·1
事屬右～曹

133
答～氣

5正·3
～如牒

壬部

0614 壬 (1)

11・4 十月一日~

子部

0615 子 (23)

151 甲~乙丑丙寅

100正 桐丘男~何君

6・2 ~默盜取文書

70正・1 ~約

85背 ~光和光光

46背・2 賤~區

35背・3 賤~習逸

35正・1 客賤~侈

3背・1 男~蔡

52正・1 君~所共

72背 ~委昨別

66正・1 汝~時=

0616 孤 (1)

120 卻言~絶

0617 存

1

78正·1 津史唐～

0618 孖

1

157·1 昌～

了部

0619 了

2

47背·1 吾往年遇旱～

68正·1 是分～

𠫓部

0620 疏

2

33背·1 賜～得具頭尾

丑部

0621 丑

1

151 甲子乙～丙寅

寅部

0622 寅

1

151 甲子乙丑丙～

卯部

0623 卯

3

117正·1 朔廿二乙～

142正·1 乙卯～

142正·1 乙～卯

巳部

0624 巳

2

55背·2 婦～（已）去

0625 㠯

23

以63正·1 ～完也

68正·1 愁=～仁

57背·3 知～久誰

62背·3 日～至也

5·7 ～上

5·3 事～

午部

0626

午

1

5・1
日戊～

未部

0627

未

9

50正・2
審久人果解～

56正
予公中～得出也

36背・1
～從黨照

申部

0628

申

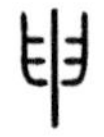

3

2・4
廿四日乙亥～

117正・1
六月甲～朔廿二

酉部

0629

酉

1

5・1
六年九月己～

0630
酒
2

110・3
大～于一枚

0631
醴
2

160正・1
～陵

戌部

0632
戌
1

9正・1
六日戌～

筆畫序檢字表

一　本檢字表，供檢索《東牌樓漢簡字形譜》單字的所有字頭和字頭下的俗寫異體用，由此可檢閱到相關字頭下的全部内容。

二　表中被檢字首先按筆畫排列，筆畫相同的字再按筆順（一、丨、丿、丶、乙）之序排列。

三　每一字頭之後是該字在字形譜中的字頭序號——四位阿拉伯數字，或四位阿拉伯數字加「重」，或四位阿拉伯數字加「新」。例如：「甲　0607」表示「甲」的字頭序號爲「0607」。

四　鑒於有些字頭和字頭下的俗寫異體較爲生僻，爲便於檢索，本檢字表專門列出了與這些生僻字所對應的通行體，即通過檢索某一生僻字所對應的通行體，也可檢索到該生僻字。具體詳《凡例》第十四條。

一畫

一 0001
乙 0608

二畫

二 0557
十 0096
七 0604
八 0030
入 0227
人 0339
九 0605
了 0619
刀 0185
乃 0205
力 0570
又 0132

三畫

三 0010
于 0209
亏 0209
土 0560
才 0256
下 0005重
寸 0142
大 0453
上 0004重
小 0028
山 0423
千 0097
乞 0609
亾 0539
及 0136
久 0235
夕 0298
凡 0559
广 0425
亡 0539
之 0257
尸 0389
己 0612
巳 0624
子 0615
也 0533
女 0521

四畫

王 0011
夫 0458
元 0002
云 0499重
廿 0098
五 0602
不 0502
屯 0015
比 0368
止 0059
少 0029
曰 0203
日 0282
中 0014
内 0228
水 0489
牛 0038
手 0512
午 0626
毛 0388
壬 0614
升 0587
长 0430
仁 0340
什 0351
仇 0362
斤 0584
父 0134
今 0223
分 0031
公 0034
月 0294
戶 0507
勿 0432
文 0417
六 0603
火 0447
为 0131
心 0463
尹 0135
丑 0621
以 0625
予 0177

五畫

式 0558重
玉 0013
示 0006
未 0627
正 0065
功 0571
去 0217
世 0100
丗 0099
本 0242
可 0207
丙 0610
左 0199

汝 0491	伍 0350	至 0503	半 0037	矢 0229	右 0133
守 0320	仲 0344	死 0180	必 0035	禾 0302	石 0428
宅 0313	任 0354	列 0186	永 0497	仕 0342	布 0336
安 0317	自 0159	存 0617	民 0532	丘 0371	戊 0611
孕 0618	行 0093	有 0296	弘 0543	付 0349	平 0211
丞 0121	合 0222	百 0163	出 0258	白 0338	北 0369
如 0530	企 0341	在 0562	奴 0527	他 0363	旦 0293
七畫	名 0041	戌 0632	加 0578	乎 0208	且 0583
戒 0122	各 0051	再 0174	母 0526	令 0418	甲 0607
孝 0387	多 0300	此 0064	**六畫**	用 0152	申 0628
杞 0254	亦 0455	光 0450	式 0201	印 0420	田 0565
李 0237	交 0457	同 0330	冊 0099	卯 0623	史 0139
甫 0153	次 0402	因 0263	吉 0048	犯 0442	兄 0395
車 0588	衣 0379	回 0262	考 0386	外 0299	目 0625
求 0384 重	并 0367	年 0303	耳 0510	主 0218	叩 0054
束 0261	羊 0169	汆 0154	共 0125	立 0459	另 0055
吾 0042	米 0309	休 0253	吏 0003	玄 0176	四 0601

八畫

西 0629	伯 0343	邵 0277	枚 0244	典 0197	受 0178
邳 0280	伴 0345	忍 0485	松 0241	制 0187	念 0466
步 0062	身 0377	八畫	東 0255	知 0230	忩 0486
旱 0287	角 0188	奉 0120	事 0039	物 0039	肪 0182
时 0283	言 0101	表 0380	奈 0454	和 0047	肥 0184
見 0397	忘 0476	長 0430	來 0232	委 0528	周 0286
里 0564	羌 0170	者 0161	妻 0524	侍 0348	昏 0286
男 0569	弟 0234	拘 0095	到 0504	使 0355	忽 0475
邑 0274	完 0318	抱 0517重	非 0501	例 0360	府 0426
別 0181	宋 0324	幸 0456	尚 0033	兒 0394	卒 0383
告 0040	君 0043	其 0196重	果 0243	侈 0357	炎 0451
我 0536	尾 0391	取 0137	具 0124	迫 0082	治 0494
兵 0123	改 0147	昔 0291	杲 0245	征 0068重	怗 0469
何 0346	张 0542	若 0022	昌 0289	往 0087	怔 0487
佐 0364	忌 0477	苜 0018	門 0508	所 0585	怪 0473
但 0361	附 0597	范 0024	易 0433	舍 0224	宗 0325
作 0352	妞 0529	直 0538	畀 0198	命 0044	

訊　0106
記　0111
衰　0380
庫　0427
疾　0328
唐　0050
部　0276
恙　0481
益　0215
兼　0308
朔　0295
酒　0630
流　0496重
悔　0480
家　0312
案　0248
被　0382

書　0141
陵　0595
陳　0599
通　0074
能　0446
務　0573

十一畫

責　0269
赦　0149
推　0514
教　0151
探　0519
菍　0026
曹　0204
區　0541
逨　0084
頃　0365

鹵　0506
處　0582重
堂　0561
常　0335
問　0045
異　0126
累　0553
唯　0046
眾　0372
朙　0297
笱　0192
進　0071
得　0090
從　0366
悉　0036
欲　0401
許　0103

竟　0118
産　0260
羕　0498
深　0493
情　0464
惓　0488
寇　0150
寅　0622
宿　0322
視　0398
殹　0179重
敢　0179重
張　0542
將　0143
陽　0596
婦　0525
習　0164

鄉　0281

十二畫

替　0460重
喜　0212
達　0078
掾　0516
黃　0568
畱　0567
萬　0606
敬　0422
萲　0017
植　0247
極　0246
惠　0175
雄　0166
堂　0561
暑　0290

遇　0072
景　0285
貴　0273
單　0056
黑　0452
無　0540
智　0162
税　0305
等　0191
筴　0194
答　0193
備　0347
貸　0266
衆　0372
御　0091
復　0086
須　0416

賤　0271
賜　0268
數　0146
噐　0094
樂　0249
徵　0373
僉　0466
餘　0221
歙　0403
劉　0581
諸　0104
課　0109
誰　0116
敵　0148
遵　0070
履　0393
彈　0545

緣　0552
十六畫
憙　0213
橋　0251
樵　0240
輸　0592
頭　0406
頰　0407
冀　0370
頻　0412
縣　0415
曉　0292
器　0094
戰　0535
還　0075
默　0440
觽　0162

朁　0460重
興　0128
嬰　0129重
錢　0580
録　0579
獨　0443
磨　0429
親　0399
營　0326
隱　0598
十七畫
舊　0168
檄　0250
臨　0376
虧　0210
雖　0554
獸　0443

與　0589
謝　0112
翼　0500重
十八畫
騎　0436
競　0396
懽　0400
雙　0172
歸　0061
十九畫
難　0173重
難　0173重
勸　0575
羅　0332
簿　0195
辭　0613
證　0115

二十畫
蘭　0016
醴　0631
農　0130
鐂　0581
二十一畫
歡　0400
纍　0553
屬　0392
二十二畫
驚　0437
二十三畫
驛　0438
驗　0435

《說文》序檢字表

一　本檢字表，供檢索《東牌樓漢簡字形譜》單字的所有字頭和字頭下的俗寫異體用，由此可檢閱到相關字頭下的全部内容。

二　表中被檢字見於《説文》者，按大徐本《説文》字序排列，分别部居；未見於《説文》者，按偏旁部首附於相應各部後。

三　每一字頭之後是該字在字形譜中的字頭序號——四位阿拉伯數字，或四位阿拉伯數字加「重」，或四位阿拉伯數字加「新」。例如：「甲　0607」表示「甲」的字頭序號爲「0607」。

一部
一 0001
元 0002
吏 0003
丄部
上 0004重
下 0005重
示部
示 0006
祿 0007
神 0008
禁 0009
三部
三 0010
王部
王 0011
皇 0012

玉部
玉 0013
丨部
中 0014
屮部
屯 0015
艸部
蘭 0016
萎 0017
苜 0018
蔣 0019
荆 0020
蔡 0021
若 0022
蒙 0023
范 0024
草 0025

葢 0026
蒭 0027
茤 0027
小部
小 0028
少 0029
八部
八 0030
分 0031
曾 0032
尚 0033
公 0034
必 0035
釆部
悉 0036
半部
半 0037

牛部
牛 0038
物 0039
告部
告 0040
口部
名 0041
吾 0042
君 0043
命 0044
問 0045
唯 0046
和 0047
吉 0048
周 0049
唐 0050
各 0051

哀 0052
喚 0053新
叩 0054
另 0055
吅部
單 0056
走部
起 0057
趙 0058
止部
止 0059
歬 0060
前 0060
歸 0061
步部
步 0062
歲 0063

此部
此 0064
正部
正 0065
是部
是 0066
辵部
邁 0067
征 0068重
隨 0069
遵 0070
進 0071
遇 0072
遭 0073
通 0074
還 0075
送 0076

齣 0210
平 0211
喜部
喜 0212
憙 0213
壴部
嘉 0214
皿部
益 0215
盡 0216
去部
去 0217
丶部
主 0218
皀部
既 0219
食部
食 0220
餘 0221
亼部
合 0222
今 0223
舍 0224
會部
會 0225
倉部
倉 0226
入部
入 0227
内 0228
矢部
矢 0229
知 0230
高部
亭 0231
來部
來 0232
夊部
致 0233
弟部
弟 0234
久部
久 0235
木部
楳 0236重
李 0237
榮 0238
桐 0239
樵 0240
松 0241
本 0242
果 0243
枚 0244
杲 0245
極 0246
植 0247
案 0248
樂 0249
檄 0250
橋 0251
校 0252
休 0253
枇 0254
東部
東 0255
才部
才 0256
之部
之 0257
出部
出 0258
𣎵部
南 0259
生部
産 0260
朿部
朿 0261
囗部
回 0262
因 0263
員部
員 0264
貝部
賀 0265
貸 0266
賞 0267
賜 0268
責 0269
賈 0270
賤 0271
賦 0272
貴 0273
邑部
邑 0274
郵 0275
部 0276
邵 0277
鄧 0278
郎 0279
邳 0280
䢼部
鄉 0281

敬　0422
山部
山　0423
峻　0424重
广部
广　0425
府　0426
庫　0427
石部
石　0428
磨　0429
長部
長　0430
长　0430
隸　0431
肆　0431
勿部
勿　0432
易部
易　0433
馬部
馬　0434
驗　0435
騎　0436
驚　0437
驛　0438
廌部
法　0439重
犬部
默　0440
狀　0441
犯　0442
獨　0443
獸　0443
猶　0444
㹜部
獄　0445
能部
能　0446
火部
火　0447
烈　0448
照　0449
光　0450
炎部
炎　0451
黑部
黑　0452
大部
大　0453
奈　0454
亦部
亦　0455
夭部
奔　0456
交部
交　0457
夫部
夫　0458
立部
立　0459
竝部
暜　0460重
替　0460重
思部
思　0461
慮　0462
心部
心　0463
情　0464
意　0465
念　0466
愈　0466
恩　0467
想　0468
怙　0469
恃　0470
急　0471
愚　0472
怪　0473
怠　0474
忽　0475
忘　0476
忌　0477
恚　0478
性　0478
怒　0479
悔　0480
恙　0481
愁　0482
恐　0483
惶　0484
忍　0485
忿　0486
𢗗　0487
惓　0488
水部
水　0489
漢　0490
汝　0491
湘　0492
深　0493

治 0494
津 0495
沝部
流 0496重
永部
永 0497
羕 0498
雲部
云 0499重
飛部
翼 0500重
㚖 0500重
非部
非 0501
不部
不 0502
至部
至 0503
到 0504
臺 0505
鹵部
鹵 0506
戶部
戶 0507
門部
門 0508
閣 0509
耳部
耳 0510
聞 0511
手部
手 0512
拜 0513重
推 0514
持 0515
掾 0516
抱 0517重
承 0518
探 0519
捕 0520
女部
女 0521
姓 0522
嫁 0523
妻 0524
婦 0525
母 0526
奴 0527
委 0528
妬 0529
如 0530
姃 0531
民部
民 0532
乀部
也 0533
戈部
賊 0534
戰 0535
我部
我 0536
義 0537
乚部
直 0538
亾部
亾 0539
無 0540
匸部
區 0541
弓部
張 0542
张 0542
弘 0543
弩 0544
彈 0545
發 0546
弜部
弼 0547
糸部
經 0548
紀 0549
絶 0550
約 0551
緣 0552
纍 0553
累 0553
虫部
雖 0554
强 0555
䖵部
蜜 0556重
二部
二 0557
式 0558重
凡 0559
土部
土 0560
堂 0561
堂 0561
在 0562
封 0563
里部

里 0564
田部
田 0565
當 0566
畱 0567
留 0567
黃部
黃 0568
男部
男 0569
力部
力 0570
功 0571
勑 0572
務 0573
勉 0574
勸 0575

勝 0576
勤 0577
加 0578
金部
録 0579
錢 0580
鐂 0581
劉 0581
几部
處 0582重
且部
且 0583
斤部
斤 0584
所 0585
新 0586
斗部

升 0587
車部
車 0588
輿 0589
輒 0590
軍 0591
輸 0592
輔 0593
𠂤部
官 0594
𨸏部
陵 0595
陽 0596
附 0597
隱 0598
陳 0599
除 0600

四部
四 0601
五部
五 0602
六部
六 0603
七部
七 0604
九部
九 0605
内部
萬 0606
甲部
甲 0607
乙部
乙 0608
乞 0609

丙部
丙 0610
戊部
戊 0611
己部
己 0612
辛部
辭 0613
壬部
壬 0614
子部
子 0615
孤 0616
存 0617
孖 0618
了部
了 0619

𠫓部
疏 0620
丑部
丑 0621
寅部
寅 0622
卯部
卯 0623
巳部
巳 0624
㠯 0625
以 0625
午部
午 0626
未部
未 0627
申部